ニュートン新書

いかに生き、いかに死ぬべきか

哲学者スピノザの叡智

スティーヴン・ナドラー＝著
上野正道＝監訳　藍浜かおり＝訳

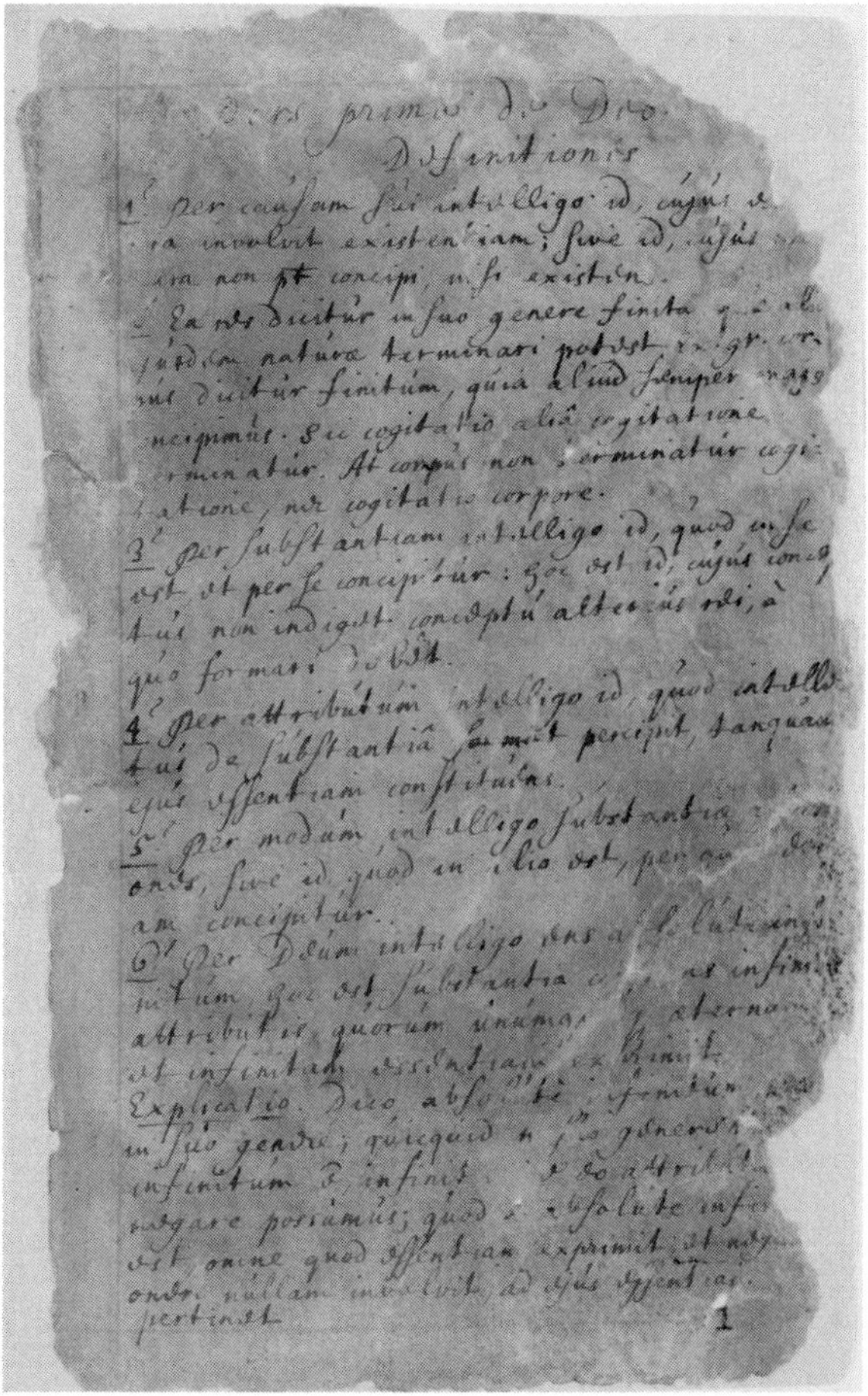
Pars prima de Deo.
Definitiones
1. Per causam sui intelligo id, cujus essen-
tia involvit existentiam; sive id, cujus na-
tura non potest concipi, nisi existens.
2. Ea res dicitur in suo genere finita, quae alia
ejusdem naturae terminari potest. ex. gr. cor-
pus dicitur finitum, quia aliud semper majus
concipimus. Sic cogitatio alia cogitatione
terminatur. At corpus non terminatur cogi-
tatione, nec cogitatio corpore.
3. Per substantiam intelligo id, quod in se
est, et per se concipitur: hoc est id, cujus concep-
tus non indiget conceptu alterius rei, a
quo formari debeat.
4. Per attributum intelligo id, quod intellec-
tus de substantia [illegible] percipit, tanquam
ejus essentiam constituens.
5. Per modum intelligo substantiae affecti-
ones, sive id quod in alio est, per quod etiam
concipitur.
6. Per Deum intelligo ens absolute infini-
tum, hoc est substantiam constantem infinitis
attributis, quorum unumquodque aeternam
et infinitam essentiam exprimit.
Explicatio. Dico absolute, non autem
in suo genere; quicquid enim in suo genere tantum
infinitum est, infinita de eo attributa
negare possumus; quod autem absolute infinitum
est, omne quod essentiam exprimit et negati-
onem nullam involvit, ad ejus essentiam
pertinet
1

スピノザの著書『エチカ』の最初のページ。2010年にヴァチカン図書館にてリーン・スプルイトにより発見された唯一残存している手書き原稿（Vat. Lat. 12838）である。ヴァチカン図書館の許可を得て掲載。

目次

謝辞

多くの友人や同僚が、寛大なことに時間をかけて本書を読み、部分あるいは全体についてコメントをしてくれた。反対意見でもいただいた質問や提案は非常にためになった。専門的な助言をしてくれた人たちに感謝の意を述べたい。また、キャロライン・ヒューブナー、マット・キスナー、マイケル・フバフ、ドン・ラザーフォード、アンドリュー・ユパにも心から謝辞を述べる。

自転車で、ピレネー山脈のペルスールド峠の12％の勾配を5マイルの速さで登っていたとき、私のほうを見て「それで、スピノザの説く基本原理と倫理の関係性は？」と尋ねてくれた友人のマーク・クレーブンにも心より感謝する。

いつも、ともに楽しく仕事をさせてもらっているプリンストン大学出版局（原書の出版元）の素晴らしい編集・制作チームには大変感謝している。特に非凡な編集者であるロブ・テンピオには感謝している。本書やほかの作品について、過去10年あまりの付き合い（ときどきはカッツ・デリカテッセンまで足を延ばす毎年恒例のピザの会合はいうまでもなく）のなかで彼はかけがえのないフィードバックと激励をしてくれた。ありがとう、ロブ。これからもずっとよろしく。

本書のいずれの章も未出版である。しかし、いくつかのアイデアや論拠は以前、左記の論文にて多少異なった形（主としてより学術的）で発表されている。

『On Spinoza's Free Man（スピノザの説く自由人）』アメリカ哲学協会ジャーナル１号（２０１５）１０３～１２０ページ

『Spinoza on Lying and Suicide（スピノザによる嘘と自殺について）』哲学史のブリティッシュジャーナル24号（２０１６）２５７～２７８ページ

右記の論文を部分的に転載する許可をくれたケンブリッジ大学出版局（アメリカ哲学協会ジャーナルの出版元）およびテイラー・アンド・フランシス（哲学史のブリティッシュジャーナルの出版元）に感謝の意を述べる。

第1章

「新しい生き方」

日々、何十億という人々が相当な時間を使って、実在しない人物を崇拝している。より正確にいえば、主たるアブラハムの宗教の神を称え、崇めて祈りを捧げる。そういう人々は、超自然的ですべてを超越した神が世界を創造し、摂理によって導くと信じ、神に望みをかけ――そして畏《おそ》れている。

ユダヤ教、キリスト教、イスラム教の預言書によれば、神は我々と遠くない心理や感情をもつ。彼――典型的なアブラハムの神は雄々しい――は、認識、知覚、意向、意志、それに欲望をもち、嫉妬、失望、快楽、悲しみといった感情も抱く。神は全能であるゆえ、力強く、自由であり、何にも縛られない。神は、守るべき戒律を与え、背いた者を厳しく裁く。また神は、善良で好意的かつ慈悲深く、自らが築き追求する計画は、英知と正義に根差している。

17世紀の哲学者ベント・デ・スピノザ[1]は、このように人間に酷似した神など存在しないと論じた。スピノザいわく、このような神の姿は、常に変化する自然に日々もがき苦しむ人間のわがままが生んだ迷信じみたつくりものにすぎない。自分たちの思い通りにはならない不確かさに振り回されて迷いながらも、人間は偶然という言葉では片付けられない秩序や利便性を世界に見いだすため、万物を支配して明白な終わりへと導いてくれる存在を、自分たちをモデルにして思い描いた。スピノザはこのような場合に共通して見られる心理的な過程を以下のように記している。

> 彼らは、目は見るため、歯は噛《か》むため、植物や動物は食べるため、太陽は光のため、海は魚を提供するためにある、というように、すべて――自身も周囲も――を自分にとって好都合な手段として見ている。つまり、彼らは自然に存在する万物を自分たちの都合と結びつけて考えている。そして、それらの手段が自分たちの都合と異なる場合でも、その人の都合に合わせてその手段を用意した誰かが存在すると信じる理由が必要だった。万物を何らかの手段であると考えると、万物が万物自体から生まれたとは信じがたい。万物は手段としてつくられたと考えるためには、人間に関わるすべてを統治し、人間の都合に合わせて万物をつくることで人間に自由を与えてくれる支配者、あるいは自然を支配する存在がいることにしなければならなかった。[2]

確かに都合のよい考え方ではある。しかし、慰めにすぎず真実とは程遠い。そういう人々は「神を擬人化し……、本当の神の認識など知る由もない」。超越神も超自然的存在もない。自然から切り離されたり、異なったり、超えたりする存在などない。創造もなければ、最後の審判もない。存在するのは、自然と自然に属するもののみである。「神」という言葉は、神を定義する要素となる、自然の不可欠な特徴を指すためにむしろ（少なくともスピノザが生きていた当時の哲学者たちの間では）便利に使われていた。自然は永遠で無限で、必然的に存在する実体である。そして最も確かであり、そのほかのものが発生した理由も確かとなる（スピノザは自ら定めた基本原理の分類として「実体」を「そのものに存在し、そのものから生まれるもの」と定義している。つまり、存在論および認識論から完全に独立している）。よって、神は自然そのものと違いはない。神は自然であり、自然がすべてである。スピノザがDeusive Natura（「神あるいは自然」）という表現を好んだのはこのためである。

哲学の名著である『エチカ』[*1]（邦訳：1951年、岩波書店）の初めのほうで、スピノザは「万物は神のなかにある」、そして「神の性質の必然上、無限のたくさんのものは無限の方法で生じなくてはならない[3]」と述べている。万物は例外なく自然のなかにある、あるいは属している。よってすべては自然の法則に支配され、ほかの自然界の原因によって存在する。スピノザは汎神論者[*2]――歴史的に見ると、これは最も一般的な解釈からはるかにかけ離れているようだ――とも、スピノザの猛烈な批評家（そしてファンたち）が解釈しているように無神論者とも考えられる。いずれにしろ擬人化され、人格をもったアブラハムの神を否定していることには相違ない[4]。

　したがって、神の摂理は存在しないし、存在し得ないのである。少なくとも一般的にはこのように解釈されている。万物は自然のなかに、自然の法則によって無条件かつ絶対的必然に生じる。すべての物体や状態は、あるべき姿が定められている。自然そのものを含む自然のなかにあるすべては、ほかの姿では存在し得ないのである。スピノザは「自然のなかに偶然はない。万物は神の性質の必然上、あるべき姿で存在し、作用を生

＊１　ラテン語で執筆されたスピノザの著書。１６６２年から１６７５年にかけて執筆されたが、１６７７年にスピノザが死去したことを受けて、友人たちによる遺稿集として刊行された。

＊２　万物は神であり、神を宇宙・世界・自然と区別せず、同じものと見る論者。

じることが定められている[5]」と述べている。スピノザの観点からすると、現世界は存在する可能性のある最良の世界ではない。存在する可能性のある世界のうちの一つでもない。存在し得るのはこの世界のみである。「存在するものは神から異なったやり方でつくられることも、異なった秩序でつくられることもない[6]」

いうまでもなく、神である自然の法則に対する逸脱と考えられる奇跡は存在しないし、存在し得ない。奇跡はほとんど起こらない、あるいは見つけるのが難しいからという理由だけではない――奇跡は形而上学的観点から不可能である。自然は、自然自体の必然性に矛盾できない。奇跡的と感じる物事も、単に自然の因果関係によるものであると我々が気づいていないだけである。「自然において、その万物の法則に対して矛盾が生じることはない……、『奇跡』という言葉は人の観念を介してのみ理解でき、珍しくないたとえを用いたり、少なくとも奇跡を起こした人、または関与した人が説明づけたりできない神の業にほかならない[7]」

また、目的論も創作にすぎない[8]。自然に対しても、自然のなかにも目的など存在しない。自然自体がほかのもののために存在しているわけでもなければ、自然によって何らかの終末に導かれているものもない。すべてのものはただ存在し、すべての物事はただ起こる（そして起こるべくして起こる）。宇宙そのものも、宇宙にあるどんなものも目的を達成するためにつくられたわけではない。

目的論の真実とは、倫理観や美的価値の真実でもある。それ自体でよい、悪い、美しい、醜いものは存在しない。「物事のよし悪しを考えたとき、そのもの自体に確実さはなく、そのもの自体で考察されるわけでもない。それは思考の様態によるものであり、我々がそのものをほかと比較してつくり上げた概念にほかならない[9]」。神は世界をよいものであるからつくったのではなく、神がつくったゆえに世界はよいものであるわけでもない。繰り返すが、すべてのものはただ存在し、あるべき形で存在している、それだけだ。

宇宙は「幾何学的方法」――定義、公理、論証された定理、系、備考の連続――で確立された、と著書『エチカ』の形而上学的部分でスピノザは述べている。これは一見、かなり絶望的な見解であり、最も急進的な虚無主義とも解釈できる。

しかし、これだけでは終わらない。

不可侵である自然の必然性は、物理的な物体の世界――リンゴは木から落下し、石は坂を転がる――を支配しているだけではなく、精神上の変化を含む人間の活動を司っている。思考、着想、意図、感情、判断、欲望、決定――我々の日常的な意志および選択――でさえも、すべて物理の法則で動く身体として、厳密に必然的に思考の法則を伴っている。確かに、スピノザは人間の心理について言及している『エチカ』の第3部の初めで、「私は感情の性質や力、そして感情に対する精神の力を、ここまで神や精神について触れてきた同様の方法で、人間の行動と欲を線や面、物体の問題であるかのように考察する」[10]とはっきり述べている。一つの精神の活動や心理的事象は、内角を足すと180度になる三角形の性質から得られるのと同じ必然性と演繹的な確かさを伴って次へと続く。精神は身体と同じく、厳密に要因となる決定論に支配されており、あるべき状態にしかなり得ない。

つまり、自由意志は存在しない。人が意志をもち、望み、選ぶのは精神の自発的活動という考え――信念や感情、または身体の状態といったほかの精神状態から影響を受け得るが、絶対的にそれ自体によって決められるのではない――は、勘違いである。

「すべての人間は物事の原因について知らずに生まれる……、（人は）自分たちの意志や欲に気づいているため自分たちは自由であると思っている。そして、それらの原因について無知であるために、自分たちが欲したり決めたりする原因については夢のなかですら考えたりはしない[11]」。確かに、人間にもある種の自由はある。そして我々が最も関心を寄せるのは、必死に自由を手にしようとすることである。つまり、これが「エチカ（倫理）」のすべてである。しかし、人間の自由とは本人が選んだり、望んだり、行動した以外の形態をもつ古典的な潜在的可能性を秘めていないし、秘めている可能性もない。「精神に絶対的あるいは自由な意志はなく、これやあれをしたいと思うようになる原因によって決められる。そしてその原因もほかの原因によって決められ、これが無限に続く[12]」

　このこと——摂理を司る神を消滅させ、意味と価値の世界を空虚にし、我々の自由意志を喪失する——を嘆いたり、ほかの在り方を望んだりしても（ほかの在り方は存在し得ないのであるから）仕方がない。無抵抗に服従して人生を送るのも、人の運命を嘆いてすべてを支配する自然を呪うのも、時間の無駄であるだけでなく、不合理で害にしかならない。実際、情熱に苦しめられて（スピノザの言葉でいえば）「奴隷」になるだけである。

だがしかし、ほかの可能性はないのだろうか。永遠で、無限で、必然的で、決定的で、無意味な世界のなかで、我々のように限りがあり死を免れない存在が、型破りな幸運に遭遇して繁栄することはあり得ないのだろうか。賢者は存在せず、ただ摂理を司る神が物事を終わりへと導き、すべては不可侵で法律のような必然性に支配され、ほかの在り方など存在し得ないとしても、それでも我々は自分たちの資力を使い、努力を費やして幸福な人生を望むこともできず、「恩恵」や「救済」さえも求められないのだろうか。

アムステルダムのポルトガル系ユダヤ人社会からヘーレム（追放あるいは破門）されていた頃、まさにこのような疑問がスピノザを動かし、商人としての暮らしを捨て、最も深くて重要である道徳的疑問の探求を始めるきっかけとなった。その疑問とは、人間の幸福とは何か、そしてどうすれば幸せになれるのか、である。

スピノザの人生は謎に包まれた部分が多い。スピノザは１６３２年11月24日、ポルトガルからの移民である父ミカエル・デ・スピノザと彼の２番目の妻であるハンナ・デボラとの間にアムステルダムで生まれた。ミカエルとハンナは二人とも「コンベルソ」——改宗を強いられたユダヤ人の祖先をもつ表向きのカトリック教徒——の家庭に育ったが、オランダ共和国の広く寛容な環境に移ってからは堂々とユダヤ教徒に戻っている。ミカエルは商人で、比較的裕福であったスピノザ一家は、アムステルダムに暮らすセファルディムの間では広く知られていた。スピノザは兄弟とともにユダヤ教の学校へ通いながら家業を手伝った。

全体的に見ると少年および青年期のスピノザについてはほとんど知られていないが——その理由はヘーレムの裏に隠されているが、それ以外にも『abominable heresies and monstrous deeds（忌まわしき異端と恐るべき行為）』と呼ばれる禁止文書のせいでもある——１６７７年２月21日に早すぎる死を迎えるまでの成人期のスピノザについては、若年期よりも少しだけ知られている。スピノザが亡くなると、彼のラテン語とオランダ語で書かれた未刊の著作編集に携わった友人たちは、どうやら個人的な手紙をすべて廃棄してしまったらしい。そのため、自身の人生や哲学以外の分野にも巡らせていた考えについても言及されていたと思われるが、これらの手紙に記されていたスピノザの次世代への洞察を示す文章は残されなかった。

それでも、スピノザが最初に書いたとして一般的に知られている本は、貴重な自伝的物語で始まる。そのため、我々はスピノザが破門となった数年後の１６５８年頃に書き始めたと思われる未完成の書『知性改善論』（邦訳：１９３１年、岩波書店）の冒頭部に彼の人生の断片をほんの少し垣間見ることができる。

> 経験によって日常生活のなかでよく出くわすすべてのものは空しくつまらないということを学んだのち、私は自分の心配の原因や対象となっているすべてのものはそれによって心が揺らいだというようなことがない限り、それ自体ではよくも悪くもないと気づいた。そして私はついに、そのもの自体が伝える能力をもち、ほかのすべてを排除してそれ単体で心に作用する本当の善が存在するのだろうか、実際にそれを見つけて手に入れると永遠に持続する究極の喜びを

与えてくれるものがあるのだろうか、と問うことを決意した。[13]

１６５６年の夏にヘーレムを強いられる前、スピノザは弟のガブリエルとともに亡き父から継いだ家業である貿易商を営んでいた。しかし商売は火の車で、決して「名誉と富」の重要な源ではなかった。とはいえ、スピノザが暮らしていくには十分であったことから、「新しく今までとは違う対象に自らを捧げる」ために商売をやめることにためらいを感じた。自分が送っていた人生に多少の不満を感じながらも、「そのときは不確かな何かを望むがために確かなものを手放すという危険を冒すのは浅はかに思えた」のだ。それと同時に、スピノザは制御不可能な浮き沈みを免れず、報いは不完全ではかないとしても「究極の幸福」が商人としての人生以外のどこかにあるのを感じていた。そして、そのような高みにあるよきものをつかむ機会を逃してしまうのではないかと案じていた。

暮らしのなかでよく提供されているもののうち、人の行動から判断したところ、

> 最良とされるものは次の三つにまとめることができる。その三つとは、富、名誉、そして肉体的快楽である。この三つが心にあると、ほかのよいもののことなど考えられなくなるほど心が乱される。肉体的快楽についていえば、心は完全にとりつかれてしまい、まるであるよいものに吸収されているかのように感じ、ほかのことを考える妨げとなる。しかし、この快楽を味わったのちには深く落ち込み、心を完全には抑止しないにしても、混乱と衰弱をきたす。名誉と富の追求も心を大きく支配される。それも特に、人が富自体だけを求めるときには、最上級のよいもののように感じる。[14]

先人たちのように、若きスピノザもいわゆる物質的な豊かさや社会的な成功は長続きせず、予測不能であるという結論に達した。また、そういう類いは例外なく懸念、嫉妬、満たされない欲望などのさまざまな悪を伴う。もっと長続きする満足感を求め、スピノザは今こそ「新しい生き方を始めよう」という結論に至った。危険や不確かさがあるとはいえ、そういう生き方こそ自分を最も惹きつけると確信していた。私は、その自然自体で不確かであるよきものを捨て…自然自体（私は永遠のよきものを求めていたので）ではなく、その達成に関してのみ不確かであるよきものを選ぶことにした。そのうえスピノザは「確かなよきもののために、確かなさまざまな悪を放棄するべきだ」と理由をつけている。このように、スピノザはありふれた価値観に導かれた平凡な暮らしを捨て、はかなくもよきものおよび「究極の善」——真の幸福を追い求めて哲学の道を選んだ。

スピノザの初期の著作物の冒頭部分からわかるのは、初めから彼の知的探求は最も広い意味で、根本的かつ本質的に道徳哲学であったことだ。

古典的な道徳哲学は、個人的な幸福を得ることを探求していた。キニク学派、懐疑主義派、ストア学派らと同じくソクラテス、プラトン、アリストテレスといった古代の哲学者たちにとって倫理における関心は、第一に人間はどうすればよい人生を送れるかということにあった。美徳についての彼らの議論は、（ほかの人々を思いやりながら暮らすと理解したうえで）よく「繁栄」あるいは「幸福」と解釈されるユーダイモニア[*3]を得るにはどうしたらよいのかという部分に焦点が当てられている。キリスト教徒である中世ラテン語を使った哲学者たちや、ヘブライ語やアラビア語で記すユダヤ教やイスラム教徒の思想家たちは、摂理を司る神を含んだ背景のなかで、現在では恩恵や救済と解釈されているほぼ共通したものを求めていた（古代および中世の倫理は、現代の観念よりもっと「利己的」――「正しさ」よりも「よさ」を求めていた――と述べる学者もいる[15]）。

スピノザの考えも、広いユーダイモニアの教えに合っていた。１６７０年に出版され、聖書に書かれている奇跡や神の業を否定したり、一般的に宗教として通用する物事を容赦なく批判したりしているために人々を驚かせた『神学・政治論』（邦訳：１９４４年、岩波書店）と同様に、『エチカ』に書かれた神と自然において衝撃的なほど「異端」な記述を集中して読むのは、確かに魅力的である。結局のところ、それらに記された大胆かつ急進的な見解は、同時代に生きた人々を呆れさせたが、何世紀にもわたって学者たちに注目され、多くの人に読まれてきた[16]。しかし、スピノザの哲学――形而上学的、認識論的、政治的、神学的および宗教的な理論をすべて考慮する――が説く最優先の目標とは、真の幸福、まぐれではなく完全であり安定した人間の幸せをつかむ道を示している以外にほかならない。何より、家業を継ぐという明らかに保証された暮らしを捨て――そして自分の暮らす地域社会での心地よい居場所を捨ててまで――スピノザを哲学の道へと進ませた要因は非常に古典的な疑問であった。つまり、よい人生とは何かという疑問だ。

スピノザが導き出し、そして知りたかったのは、人間の性質の完全性を表す暮らし方があるということだった。実際、それは真の人間の繁栄を遂げる条件であり、そのように生きれば我々自身も神や自然のようになれる。

スピノザの著作物すべてに一貫するテーマがあるとしたら、それは自由である。『神学・政治論』は、思考や表現の自由――人が「哲学的に考える自由」を妨げるかもしれ

＊3　ギリシャ語に由来し、もともとは「精神状態がよいこと」を表し、人間の「徳」や「幸福」「福祉」を意味する。人生の意味や最上の善を示すもの。

ない政治的およびキリスト教的な権力者に介入されない個人的、市民的かつ宗教的な自由――について書かれている。事実、この論文は近世においておそらく最も優れた容認を結論としている。

> 宗教は愛ある親切心と公平さだけを教えとして説き、人々もそれを信じ、また聖なるものも世俗的なものも最高権力は行動にのみ関係する道理が通るのであれば、それほど安全な社会はない。そして、人が皆考えたいように考え、いいたいようにいえる権利を与えられるべきである。[17]

『エチカ』にも関連する内容があるが、自由の種類が異なる。そこには人が望むように考えたり発言したり行動したりする自由についてではなく、能動的かつ自己支配できる人間になることに自由があると書かれている。人は自分ではコントロールできない来るもの去るものを軽はずみに求めたり避けたりしながら、自分の置かれた環境に翻弄されて生きることもできる。しかし一方、自由な人は自分の暮らしをコントロールすることができる。そういう人は反応ではなく、むしろ行動する。そういう人は自分の望むように行動する。だが自分の望むようにする――そして行動する――こととは、想像、心情、あるいは感情ではなく自分のうちにある認識によって導かれる。また、自由な人とは情念ではなく理性に率いられている。要するに自由な人の生き方とは、人間の模範的な生き方である。

第2章
人間本性の型

スピノザの世界に、不完全はない。欠陥、失敗や不備もない。悪はなく、「そうなるはずだった」ものもない。すべては完全である。しかし、スピノザの価値に縛られない世界では、すべては本来の形であることを意味する。完全とは実在にすぎない。完全であるとは、ただ実在しているだけである。スピノザは「実在と完全は同じであると理解する」[1]と述べている。何よりもまず「完全」とは存在論の概念であり、評価するものではない。

当然、比較することは可能であり、ほかよりも実在性や完全性をもつものもある。無限で永遠の実体である神や自然は、無限に完全である。木やキリンや人間は有限――スピノザのいう唯一で永遠で無限の実体における「有限の様態」――であり、有限に完全である。いいかえれば、自然そのものが絶対に完全である。よって、自然のなかにあり、自然の一部分である、いかなるものも自然の完全性を共有し、その限りある観点のなかで完全である。

どの有限のものがほかよりも完全であるとか、今あるものが以前やこれからに比べて完全であるといえる点では、評価的な意味合いが残されている。しかし、このような評価はほとんど主観的な見解にすぎない。スピノザいわく、「完全性」を評価したときに、自然の通常の過程から引き出されたそのもの自体が完全や不完全であるものはなく、何がどう起きたかを観察者が評価しているだけのことである。

人間の技術の生産物――美術工芸による作品――が、より完全であるとか完全ではないと判断されるのは単に、つくった職人の初めの意図、あるいはこういったものの理想的な見本とは何かという個体の構想とどれだけ合致しているかによる。

> 人間が一般概念を形成し、家、建物、塔などの型を考案し、ほかよりもある型を好むようになり始めると、ある種類のものがその人の一般概念と一致していればそれは完全と判断され、一致していなければ、たとえそれをつくった人が全面的に完成していると思っていても不完全と判断される。[2]

ある人にとってのある種類のものの理想は、ほかの人にとってのある種類のものの理想とは異なる――この違いはそれぞれの経験あるいは好みの多様性による――かもしれないため、前者が何かに対して「完全」である、あるいはないとする評価は、後者の評価とは異なる。もしある二人が家、テーブル、アイスクリームとは何か、それらはどうあるべきかという異なる「一般概念」をもっていたとしたら、どの家、テーブル、アイスクリームが完全であるかについての判断は異なる。このような評価は、極めて主観的で変わりやすく、恣意《しい》的ともいえる基準あるいは分類にしかすぎず、二人の間に裁決はない。

同様に、「人間の手によってつくられていない」自然のものは、芸術のように、共通の(しかし、誤った)信念によって、多かれ少なかれ完全である判断される。そしておそらく、自然は神による摂理の巧みな業《わざ》の産物であると「一般的な人々」によって信じられている。いずれも、自然は、ある終わりに到達するために意図したやり方で役目を務めるという目的論的観点である。「よって、人はこの種類のもののあるべき型と一致しない何かが自然に起きたとわかると、自然自体が失敗した、あるいは罪を犯したため、それが不完全になったと信じる」。事実、木とは何か、あるいは木はどうあるべきか、そしてどう自然が機能するべきかについて、ある構想をもつ人の心理のなかでだけ、枯れ木は「不完全な」木ととらえられる。何が木であるかは木そのものと無関係である。スピノザは「人が自然を完全であるとか、ないとかいうことが習慣となっているのは、それらのものに対する真の認識からというよりも、偏見によるものである[3]」と結論づけた。

よって、スピノザの視点では、何かをまったく主観的に評価する比較の型だけによって、「完全」とか「不完全」というのは、概して同様にまったく主観的な概念であり、個体的かつ特異的な意見を示しているにすぎない。それらの概念の源はその人のなかにあり、その判断をする人のみに有効である。スピノザは「完全性と不完全性は、思考の様態であり、すなわち我々が同じ種あるいは属の個体を互いに比べるためにつくり、習慣となった概念である」と述べており、あるいは、ある種に対して人の心理がもつ理想と比較するための概念である[4]。何かが完全あるいは不完全というのは、誰かがそう信じているだけである。その完全性と不完全性はその人の信念にだけ存するものである。その人（そして偶然にもそのものの理想という概念をその人と共有している人）の目を通してだけ、それは完全である。そして、そのものはどうあるべきかという一般的だが個体的な概念をもっているというだけの理由で、その人はそれが完全であると信じる。

　スピノザは、ほかの評価的概念――何が「善」か「悪」[5]かを含む――にも同様の考え方を示しており、「善と悪に関しても、それ自体で考察するとそのものに肯定が示されないのは、思考の様態や、あるいは我々がものをほかと比べるためにつくられた概念にほかならない[6]」と述べている。この提言は、一見あらゆる現実的な規範的能力がもつ最も重要な二つの倫理的理念を無にしている。真の善や真の悪はなく、すべては見る人の心理のなかにある。そのような問題に正しいあるいは誤った答えはなく、何が善で何が悪かについて自分と異なった意見を察知したときに、人は単に賛成か反対をするだけである。

　このように急進的な道徳の主観主義がスピノザの究極の見解なのだろうか[7]。スピノザは本当に、ものの完全性や善に関する客観的な真の判断――人がたまたま考えていることとは無関係に真実（あるいは虚偽）である、何が善で何が悪であるかという判断――などないと信じていたのだろうか。ほかよりもよい人、行動、生き方は本当にないのだろうか。

それは、すべて場合による。もしそれ自体で絶対的に、ほかと関係なく完全あるいは善と評価されるものがあるかと聞かれれば、その答えは「ない、間違いなくない」である。この点に関しては、スピノザは哲学者としての経歴を通して、一貫して極めて明確にしている。初期の（すぐに禁書となった）著書『神・人間及び人間の幸福に関する短論文』（邦訳：１９５５年、岩波書店）で、スピノザは「善や悪、そして罪は思考の様態にほかならず、ものや存在する何らかでもない」と主張している。[8]「善悪とは何か」と表題のつけられた章のなかで、善や悪は「実在するもの」、すなわちほかのものとは無関係に、もの、あるいはものの質には善や悪があるという主張に反論している。スピノザは「善悪とは関係性以外の何物でもない」と述べている。明確かつ確実にするため、スピノザは自らの論拠を「証拠」という形式で示している。

自然に存在するすべては、もの、あるいは動作である。
善悪は、ものでも動作でもない。
であるから、自然に善悪は存在しないのである。[9]

善悪の本質的で、ものや状況とは無関係であるという特性については十分に述べた。しかし、何らかの基準に関係して、そのものの主観的、恣意的あるいは独創的な型——単に人々の経験や好みを反映した型——がどうあるべきかの比較ではなく、ものの真の性質に根差した型の完全性や善を評価する方法があるとしたらどうだろうか。もしあるならば、ただ個体的な好みや意見の表れではなく、確かにこのような判断ができるかもしれない。

スピノザは人間にとってよい生き方とは何かを考えていたため、ある疑問に行き着いた。ある人の生き方を評価し、その人の生き方が「よい」といえる客観的な基準はあるか。その基準で、ある人がほかの人よりよい、あるいは「より完全である」といえるか。人がどう考えているかとは関係なく、人にとって客観的に優れているといえる行動の仕方や暮らし方の様態があるか。プラトンによる対話『ソクラテスの弁明・クリトン』（邦訳：１９６４年、岩波書店）のなかで、ソクラテスは「吟味されていない人生は人間にとって価値ある暮らし方ではない」と定言的かつ絶対的な主張をしているが、ほかのどんな生き方よりも望ましく、すべてのものを考慮して、スピノザが勧められるある種の生き方に従った非主観的な基準はあるのだろうか。

実際のところ、スピノザはそのような基準を認識している。彼はそれを「人間本性の型（exemplar naturae humanae）」と呼んでいる。人が、木の型やアイスクリームの型を個体的な好みとして選定する――たまたま視覚的に魅力的であるとか、デザートのなかでより好みであると気づく――のとは違い、スピノザのいう「人間本性の型」とは、主観的な特殊性とは無関係であり、その代わりに形而上学的観点で人間とは何であるかに基づいている。そして、人がより完全であったりなかったりするのは、その人とその人の生き方がこの型にどれだけ近いかあるいは離れているかによる。また、何かがよい（悪い）とは、この型通りに生きることにどれだけ寄与しているか（あるいは妨げているか）による。このような評価的な言葉には主観主義が潜んでいるにもかかわらず、スピノザは「それでも我々はこれらの言葉を保たなければいけない」と認めている。確かに、我々はある意味において、形而上学的で評価的な重みをもつこの言葉を使うことを許されているというよりも、使うことを余儀なくされている。少なくとも、我々がこれらの言葉を使うときに我々の懇願する型は、単なる空想の産物、あるいは過ちから生じたものにすぎない。

では、この「人間本性の型」とは何であろうか。ほかと比較して、アイスクリームの一つのフレーバーがよいと我々が理想の型を判断できるのと同様に、客観的でよりよい根拠に基づき、人間の生き方を判断できる基準となる理想とは何であろうか。この疑問に答えるためには、まずスピノザにとって人間とは何であるかを調べる必要がある。

『エチカ』の第2部には、スピノザが人間について言及している箇所が多くあるが、17世紀当時（そして現在でも）、目立った内容ではなかった。

「人間の本質とは、必然的な存在を伴わない[10]」

「人間は、精神と肉体から成る[11]」

「人間は考える[12]」

人間とは有限のものであり、存在の継続は一連の自然な原因によってもたらされ、人間自体の本質によるものではない。人間とは何かという観念が、ある人間の実在を意味するわけではない。人間は、相互関係はどうであれ、精神と肉体をもつ。そして精神（それが形をもたない魂であろうと、動いているただの物質であろうと、結局のところ何であれ）は、人間は考えるものであるという事実を説明づける。人間の精神状態は思考である。この点に関しては、多くの面でスピノザに影響を与えたデカルトやトマス・ホッブズといった異なった思想をもつ哲学者であっても、異論はないはずである。デカルトの二元論者的な視点では、人間とは根本的に異なった、はっきりと区別できる二つの実体からなる融合である。その二つとは、精神（魂）あるいは形のない考える実体と、肉体あるいは形のある実体である。精神の基本的属性あるいは性質は思考であり、物質の基本的属性は延長あるいは空間である。よって精神と肉体に共通点はない。精神や魂は、空間を使わないため、空間特性（大きさ、形、分割可能性や動き）をもつことはできず、肉体は、思考しないため、精神状態（思考、欲望や意志）をもつことができない。しかし、この完全に異なる二つの実体は「明らかにしっかりと区別できる」うえに、片方がなくてももう片方は存在できる状態でありながら、どういうわけか一体化することになっており――つまり、神によって一体化されて――人間を構成している。

神が、有形の実体と、このような考える実体とを、非常に密接に結びつけたと考えたとしても、それらを密接に接合することはできず、それらを一体にしようとしたとしても、はっきりと区別できる状態を保つ。[13]

一方、ホッブズは唯物論者である。人間は精神と肉体をもつという点に異論はなくても、ホッブズの存在論では非物質的な実体を認めない。ホッブズは、「実体」や「形をもたない」という言葉は「それらが一緒になってもう片方を破壊したときに、形をもたない肉体とでもいうようなものだ」[14]と述べている。ホッブズの宇宙では、存在するものはすべてただ動いている物質である。人間の思考や、それに付随するすべては、人間の肉体にある動きの小集団である。

スピノザは、ホッブズに反対し、世界には非物質的な、あるいは延長されないものがあることを認めている。しかし、スピノザはデカルトの主張にも反対であり、人間の精神と人間の肉体は区別できる実体であり、人間はこの二つのものの一体化に起因するとしている。存在する、そして存在し得るのは一つの実体あるいは究極的な実在――神あるいは自然――であり、人間の精神と人間の肉体は、神あるいは自然のなかにある様態、あるいは事柄である。また、スピノザの視点には、二つの独立したものが何らかの形で一緒になって（一時的に）一体を形成しているというデカルトの構想ではとらえられない、人間との深く、基本的な単一性が示されている。

人間本性――そして、それが木であろうとキリンであろうと、自然のいかなる有限の様態がもつ性質あるいは本質――についてスピノザがいわんとしている多くは、厳密に神あるいは自然とは何かという彼の構想から得られる。

神あるいは自然の基本的な本質は、力である。永遠で無限の実体である神あるいは自然は、永遠で無限の力である。スピノザは「神の力は、神の本質それ自体である」[15]と述べている。この力は自然のなかにある万物の根底にある。自然にあるすべての単一のものは、この力の個別の明確な表れである。自然の有限の様態であることは、自然の無限の力の、有限の一部分であるにすぎない。

しかし、同様に有限の個体が、自然の無限の力をすべて表すわけではない。神あるいは自然は、力とともにスピノザのいうところの「属性」をもつ。属性とは自然のなかに存在する在り方である。それぞれの属性は、自然の力がそれ自体を提示できる非常に一般的な状態を表し、そのような属性は無限にある（さもなければ、神あるいは自然は無限ではない）。二つの属性あるいは在り方として、我々にもなじみがあるのは思考（本質的に、精神の在り方）と延長（つまり、空間的な、肉体の在り方）である。自然の力は、精神や考え、あるいは精神の観念といった思考の属性、および動いたり止まったりする空間的な肉体という延長の属性の下でそれ自体を示す。よって、いかなる精神も神あるいは自然の無限の考える力の有限の表れである。同様に、いかなる肉体も神あるいは自然の物質と動きという形をもった無限の力の有限の表れである[16]（アインシュタインの出現よりのちの世界で、このことをわかりやすい言葉で説明するとしたら、スピノザの自然とは、最も基本的なレベルでエネルギーである。このエネルギーは動いたり止まったりする肉体という形のなかで物質に変換される。同じエネルギーは精神や観念あるいは思考という形のなかで考えることに変換される[17]）。

自然のなかにあるそれぞれの単一のものを構成する力の有限の一部分をスピノザはコナトゥス[*1]と呼んでいる。この言葉は「努力」「傾向」「試み」などさまざまな言葉に置き換えることができる。スピノザはまた、これを「活動する力」や個体の「存在する力」とも呼んでいる。いかなる有限のものにおいても、この力はそのもの自体であり続けようとする努力である。『エチカ』第３部の定理６には「それぞれのものは、それ自体の力をもっていられる限り、その在り方に耐えようと努力する」とある。以下は、この定理の証明である。

> 単一のものは、神の属性が、ある明確なやり方で表された様態であり、すなわち、ものは神が存在し、活動する神の力を、ある明確なやり方で表している。そして、破壊する、あるいはその存在を奪う何かをそれ自体のなかにもっているものはない。反対に、その存在を奪うすべてのものに抗う。よって、それは

＊1　存在に内在して動かそうとする原動力。スピノザにおいては、存在を保ち、完全性を耐えて保とうとする努力。

できるだけ、それ自体のなかにある限り、その在り方に耐えようと努力する。[18]

いかなる個体も必ず耐えようと努力する。この努力に含まれるのは耐える努力、そしてコナトゥス、あるいは活動する力を増大さえもする努力である。実際に、これは努力する力を増大させるための努力である。事実、いかなる個体も、ただ本質的にこのようなコナトゥス、あるいは耐えようとする努力である。コナトゥスは、一時的、あるいはものの偶然の特性ではなく、ものがそれをもたないこともできる。むしろ、コナトゥスは「限定されていない継続」を含み、ものの個体化の中心にある。コナトゥスは、いかなるものの「実際の本質」も構成する。[19] それがものの本性であり、それ自体と何も変わらない。[20]

これらすべては、人間とは何であるかというむしろ特有の構想であることを意味する。デカルトや、いうまでもなく彼に先行した長い哲学的伝統に反して、スピノザにとって人間とは精神（魂）と肉体という独立して区別できる二つのものの統一から構成されているのではない。むしろ、いかなる有限の生物と同様、人間はコナトゥス、つまり自然の無限の力にある、それ自体を保とう、あるいは増大しようと努力する、明確な有限の一部分である。人間の精神は、思考に属して示されたこの特定の有限の努力であり、人間の肉体は、延長の属性のもとに示されたこの特定の有限の努力である。

いいかえれば、人間は主として基本的に結合体であり、精神と肉体の分岐点は、さして重要ではなく、自然の属性に関係している。「考える実体と延長する実体は、一つの同じ実体であり、今はこの属性のもとに、またあるときにはあの属性のもとに理解される」という驚くべき主張をしたあと、スピノザは「延長の様態とその様態の観念（すなわち精神）は同一であり、それが二つの状態で表されている」[21]と結論づけている。二つの状態でそれ自体を表している「もの」とは個体のコナトゥスである。つまり、人の精神はそのコナトゥスの一つの表れであり、人の肉体とは同じコナトゥスのもう一つの表れである。

個体のコナトゥスは、完全性や幸福を脅かすものに対する物理的な人間の肉体の抵抗を説明する。人間の精神のなかでそれ自体は意志――意欲の抽象的な能力（「意志」）ではなく、我々の考える生き方のほとんどを構成している、確約や否定といった特定の精神的な行動――として示される。人間が精神と肉体を結びつけて考えられたときに、コナトゥスは欲求を構成する。精神と肉体がともに努力するのを自覚したとき、人はこの欲求、つまり欲望に気づくのである。[22]

　何が個体であるかという説明の傍らで、コナトゥスはなぜ個体がそう行動するのかを説明する。我々が人間について話すとき、コナトゥスは人のすべての試みの根底にある原動力である。人が望んだり、行ったりするすべての事柄は、その目的が達成、獲得、回避のどれであったとしても――故意であってもなくても――人が力を保って増大させようという努力によって利己的に動機づけられる。[23]コナトゥスは、人の力を弱めるものに対しては嫌悪であり、人の幸福を促進し、人の力を保って増大させるそれらのもの（わかる範囲で）に対しては欲望である。スピノザのスキームには、人間の行動に対するこれ以上の基本的な動機はない。我々が意図的に他者の幸福を支援しようと、何かをするという利他的な行動はあるかもしれない。だが、そのような行動の深い（けれど必ずしも意識的ではない）推進力はいつも自己保持と自己改善である。実際に我々は、忍耐力を促進するその行動をいつもとるわけではなく、知らぬ間に忍耐力に反する結果となる行動をしていることも多くある。しかし、我々がどんな行動をとったとしても――それが自分自身のためになる、あるいは傷つけるにかかわらず、そして自分の欲望をたまたま理解していたとしても――それは耐えるコナトゥスに起因する。

個体の本性あるいは本質を構成する力あるいは努力は、常に「オン」の状態である一方、その人の人生を通して変更されないわけではない。それはいつでも変化することがあり、ときには刻一刻と変化する。特に、コナトゥスは増大や強化を楽しむが、減退や弱化に苦しむ。これが、スピノザの説く感性や感情の要である。感情とは、よくなるか悪くなるかにかかわらず、単に個体の活動する力の変化である。

感情とは、身体がもつ活動する力が、増大したり減退したり、助力したり抑制したりすることによる身体の情動であると同時に、この情動（精神にある）の観念であると理解する。[24]

留意しなくてはいけないのは、――スピノザも強調しているように――感情も感性も人がもつ力の変化の原因でも結果でもないという点である。たとえば、喜びは動きをより強い状態へと引き起こすことも、引き起こされることもない。むしろ、感情はある状態からほかの状態への移行それ自体である。人は感情を経験したり、被ったりする。これをスピノザは「移行」と呼んでいる。[25] 感情は、悪い条件への減退あるいはよい条件への増強のいずれかであり、動きの源でも産物でもない。精神と肉体両方について、個体のコナトゥス、あるいは外部からの力に抵抗してそれ自体を保とう、あるいは増大さえしようとする能力の強度という意味での、力の改善あるいは劣化である、とスピノザは簡潔に述べている。

個体は、その状態のいかなる変化についても、能動的あるいは受動的になれる。それは、外部のものの行動あるいは全面的に内部から引き起こされているその力が、増大する、または減退するかによる。受動的な感情、あるいは情念とは、全面的に個体それ自体にあるのではなく、部分的に外部のものにもある、その個体の力がもつ適切な原因——つまり、その人の完全な因果的説明——の変化である。情念は個体が経験する、あるいは被る力の変容である。反対に、能動的な感情とは、完全にその個体自体のなかにある、その個体の力がもつ適切な原因の変化である。[26] もし人が他者、もの、あるいは出来事との関わりによって改善されたり、害されたり、弱化されたりしたとしたら、そのときに被る移行は、情念である。もし人の状態の改善が全面的に自身の資力を通して引き起こされたのだとしたら——たとえば、人がもつ認識を介して——そのときに経験する移行は、能動的な感情あるいは活動である。

　情念あるいは外部に要因がある変化は個体の力にとって、よい場合も悪い場合もあり得るが、活動は常に個体の力を改善する。なぜなら、コナトゥスの原理自体からわかるように、それ自体の性質や能力のみを介して何かをする個体はなく、またそれ自体が忍耐力やもっている力の増大を求めた場合を除いて、ほかのものに影響を受けたり、感じさせられたりすることから無関係である個体はない。理性的な人間は、その人がもっている認識によって動く限り、真に能動的であり、その人がすることは、自分にとって何が最も利益となるかという真の理解に導かれるため、その人の状態の改善を引き起こす。

『エチカ』の第3部において、スピノザが注目したことのほとんどは情念と、人間の状態はその人の暮らす物理的かつ社会的な世界との因果的相互関係にどう影響されるか、に向けられている。情念とは、ものに対する我々の感情的、気質的、意志的な反応をすべて含む。我々の精神の熱烈な喜び、愛、憎しみ、同情、欲望、傾向、嫌悪、動揺はすべて、我々の力がものや人々によって改善されたり、減少されたりする状況や、同様に精神が、観念や一つの思考からまた別の思考への動きと軽く関連している状況における機能である。よって、「精神は可能な限り、身体が活動する力を増大したり、補助したりするものを想像しようと努力する」、そして「精神が、身体が活動する力を減少したり、制止したりするものを想像するとき、それは可能な限り、そのような存在を排除するものを思い浮かべようと努力する」[27]。

基本となる受動的な感情は三つある。つまり、ほかの情念はすべてこれらの別の形、あるいは、これらから派生したといえる。その基本となる三つの受動的な感情とは、喜び、悲しみ、欲望である。喜び（laetitia）とは、「精神がより大きな完全性に移行する情念」あるいは個人の外部にある何かが起因することによる大きな活動する力の移行である[28]。これは、ほかのものによってその人の状態がよくなるという感覚である。これに付随する精神と身体の複合的感情は快楽（titillatio）である。一方、悲しみ（tristitia）とは、「より完全ではない（精神に）移行する情念」である。これは、ほかのものによってその人の状態が悪くなるという感覚である。これに付随する精神と身体の複合的感情は、おわかりのとおり、苦痛（dolores）である[29]。

そのほかすべての情念は、その中核に喜びあるいは悲しみをもつか、喜びや悲しみが変動したものである。たとえば、愛は喜びをもたらすものの、構想を伴う喜びにほかならない。人は、その人の状態の改善を引き起こすと考えられるもの、あるいはその人に利益をもたらすと考えられる人を愛する。同様に、憎しみは悲しみをもたらすものの、構想を伴う悲しみにほかならない。人は、その人の状態の悪化を引き起こすと考えられるもの、あるいはその人に害をもたらすと考えられる人を憎む[30]。これらの情念は、個人の努力に矛盾しない変更をもたらす。欲望は、愛するものあるいは人を所有する（場合によっては、独自に所有する）こと、あるいは憎むものあるいは人を回避したり破壊したりすることに集中するようになる。

スピノザは、人間の感情を伴う生き方の計り知れない豊かさと多様性に敏感であった。彼の分析では、基本的な感情を対象とした変動に、終わりはなさそうだった。関連のある要因には、多くの人やものだけではなく、それぞれの気質も含まれる。人はそれぞれ異なるものに異なったやり方で反応する。同一人物であっても、時が異なれば同じものに対して異なった反応をする。これは、情念にあらゆる種類の不確定さ、選択、自発性があるという意味ではない。このことは、スピノザの普遍的決定論によって除外されている。しかし、これは異なる因果要因が含まれたとしても、必ずしも結果が異なるわけではないことを意味する。人々の情念に違いを生む原因は、その人々の身体的基質の違いである（これらの違いは、必ずそれぞれの精神の違いと平行する。なぜなら、精神と身体は同一のものの二つの異なる表れであり、精神の情動は身体の情動を映すからである）。『エチカ』第3部の定理51でスピノザは次のように述べている。

異なる人は同一のものによって異なる影響を受け得る。そして同一人物は同一のものによって異なるときに異なった影響を受け得る。

その証明は以下のように続く。

人間の身体は、外部にある物体によって非常に多くのやり方で影響を受ける。よって、二人の人は同時に異なる影響を受け得る。また、その二人は同一のものによって異なる影響を受け得る。

次に、人間の身体はあるときにはこのように影響を受け、またあるときにはあのように影響を受け得る。結果として（同じ公理によって）、同一のものによって異なるときに異なる影響を受け得る。証明終了。

そして「ある人が愛するものをほかの人は憎み、ある人が恐れるものをほかの人は恐れない、そして同一の人が以前は憎んでいたものを今は愛し、以前はおっかなびっくりだったものに対して今は平気で立ち向かえる」[31]と続けている。とりわけ、欲望自体はその背後にある感情に応じて変化する。人の欲望の対象は、ほかの人にとって嫌悪の対象である。

人間の本性と、それを構成する力と過程についてのスピノザの記述については十分に説明した。人間とは何であるかというこの描写——精神と身体についての特有の形而上学——によって、スピノザは実のところより完全、あるいは理想的な人間を構成するのは客観的で、恣意的ではない決断力であるということを述べている。スピノザは、少なくとも原則として無意識であっても、全意識を向けていたとしても、すべての人間個人がそうなろうと意図している「人間本性の型」があると信じている。[32]

人間本性の型とは、力と忍耐の努力において最も成功している人間である。それは最大のコナトゥスをもった人間である。もしすべての個人が本質的かつ元来、その在り方を保ったり、その力を増大させようとさえし努力をしているとしたら、この最大の力の条件は、すべての個人は自然に、かつ必ず——つまり、客観的および元来——努力するという理想的な状態である。木は最大限に力強い木であろうと努力し、キリンは最大限に力強いキリンであろうと努力している。同様に、人間は人間の力を最大化しようと努力し、「人間本性の型」が当てはまるのは、まさしく、そういった巧みな努力をしている人間である。このように、型とは単なる主観的な理想や、想像上の生物あるいは個人的な好みの反映でもなく、むしろ、ものの真の実在にしっかりと固定されている。[33]

もし人間本性の型が、形而上学に根差していれば、人間が必然的に行うことにどれだけ成功しているかを判断する客観的な基準は、善悪を客観的に判断する基準にもなり得る。もしそれが人の状態を向上する喜びの原因となれば、それはよいものである。当然、それは部分的あるいは一時的な感覚——人の在り方の一部分あるいは短時間だけ力を向上させる——としてよいだけであるかもしれない。甘いデザートを食べすぎれば、そのときには快く、喜びの発信源となるが、最終的には人の状態の悪化を引き起こす。それに反して、全体的な力を保って増大しようとしたり、模範的な人間に近づこうとしたりする人間の総合的な努力に寄与し促進するものが真のよいものであり、努力を妨害したり弱めたりさえするものは真に悪いものである。

私は、善を自分たちが前もって定めた人間本性の型により近づくための手段として、自分たちが確実に知っているものであると理解している。悪とは、自分たちがその型のようになるのを防ぐと、自分たちが確実に知っているものである。次に、この型により多く近づくか、あるいはより少なく近づくかによって、我々はその人がより完全である、あるいは不完全であるというのだろう。……誰かが少ない完全性から大きい完全性へと移る、またその反対について私が言及するとき……その人の本性を介していると理解されている限り、その人の活動の力を我々は増えたあるいは減ったと考える。[34]

これが意味するのは、何かが善であるのは個人やその人の力への影響に関係している可能性があるが、決して主観的な事柄ではない、ということである。相対主義は、主観主義ではない。もし何かが個体の活動の力（コナトゥス）を「助力する、あるいは抑制する」、そしてそれが喜びの有益な、受動的感情の原因であるならば、これは客観的で、精神に依存しない事実の問題である。これはものについての相関的な（絶対的でも内在的でもない）事実の問題であるが、客観的な事実の問題でもある。同様に、水に溶けやすいのは、塩の客観的で、精神に依存しない特徴であり、塩あるいは水に対していかなる人がもっている信念や態度とは無関係である。しかし、塩の内在的かつ絶対的（非相関的）な特徴でもない。なぜなら、水の化学構造および塩と水の相互作用に同じように依存しているからである。

ある個体に喜びの原因がある、つまりその個体にとって有益であり、その個体の努力を援助するもの以外は善ではないのだから、それ自体で独自に、あるいは「それ自体の本性から考えて」よいものはない、というスピノザが何度も述べている主張に矛盾する部分はない。スピノザは、あるときには「ここで私の理解している善とは、すべての種類の喜びと、喜びを導くすべてのものである[35]」と述べてもいる。これはつまり、いかなる個体にとっても、それ自体で善であるものは一つだけあり、それは喜びのための単なる手段ではなく——喜び自体が力の増大であることを示している。喜びを「直接的な善」、悲しみを「直接的な悪」と呼び、スピノザは喜びの形を「本質的に善[36]」であると述べている。しかし、喜びであるコナトゥスの増大は別として、ほかのすべては喜びの手段にすぎない。そして、喜び自体もそれを経験する個体にとってのみ善である。いいかえれば、いかなる場合も——喜び自体を含めて——善であるとは、ものあるいは経験のまったく相関的な特徴である。つまり、ものがほかのものに耐える因果関係の機能である。もし何かがある個体のコナトゥスを助力あるいは向上させないとしたら、それは善ではなく、悪あるいは「中立[37]」である。結局のところ、「音楽は……耳が聞こえない人にとっては善でも悪でもない[38]」。

よって、人間本性の型は、ほかの型のように独特でも、可変でも、恣意的でもない。個人特有の選択の産物でも想像の考案でもない。むしろ、それは実際に独立した形而上学的な基礎をもち、すべての人間は、その性質によって、内在的に努力しているという概念上の状態を表している。よって、関連する模範に類似した最大限に力強い人間になるということの条件に人間が近づくのを手助けしているものは、すべて比較的かつ客観的に善である。

人間本性の型のようなものは、スピノザが自分の哲学を展開した20年の間、変わることのなかった特徴である。『知性改善論』のなかで、スピノザは「人間の本性を自分自身よりも、もっと強く、もっと辛抱強いと考え、同時にそのような性質を自分がもつことを防止するものはないと思う人は、そのような完全性をその人に与える手段を追求することを促される[39]」と述べている。数年後、自らの思考を明確に述べようとした最初の試みが絶たれ、新たに出直したスピノザは、『神・人間及び人間の幸福に関する短論文』の第2部で彼が呼ぶ「完全な人間」についての執筆に専念した。ここでも、理想的な人間の状態を得た個人を指す。スピノザは、この気質を「最も完全な存在である神と結合し、それによって得をしている人間」と定義している。実際に、この神との一体化は認識的および理知的な達成である。これは理論的な認識の状態であり、完全な人間の模範を具現化したものは人間の本性の最も高い状態を表す。また、のちに『エチカ』に記されるように、善悪はこの人間の完全性の概念に関係している。「我々が完全性を得る手助けとなるすべてを善と呼ぶことができ、それを得ることを妨げる、あるいは援助しないすべては悪と呼ぶことができる[40]」

「完全な人間」は『エチカ』でも描写され、ここでも誰もが必ず努力して得ようとしている人間本性の型――および最良の生き方の模範――として役目を果たしている。しかし、呼び名は変えられており、今では「自由な人間[41]」と呼ばれている。

第3章
自由な人

スピノザの「自由な人（homo liber）」が、自分の感情をコントロールできるのはよいことである。何年も彼に対していわれていたいくつかのことを考えると、確実に冷静さを欠いていたとしてもおかしくはない。彼は「実現不可能」「見当違い」「背理法」「訳がわからない」「一貫性がない」などといわれているが、そのなかでも最も屈辱的なのは「不適切な観念」であろう。[1] 劣った人（より『自由』ではない人）は、恨み、怒り、そして嫌悪と逆襲さえも携えて、ここで反論することもできる。しかし幸いなことに、そのように理不尽な情念をもって行動するのは自由な人の気質ではない。

スピノザは自由な人という概念を『エチカ』の第４部で紹介している。それは、何かをよいとか悪いとか、完全であるとか不完全であるとかいうのは、ある理想型にのみ関係しており、特にそれはコナトゥスあるいは保つ力を最大限にもっている個人を示す型であるという説明に続いている。しかし、スピノザが最初に「人間本性の型」とその果たすべき役割について述べている際には、自由な人について明示していない。実際、第４部でも初めの65項目の定理には、どこにも自由な人は見当たらない。

このことによって、自由な人はすべての人間が必ずしもそうなろうと（自覚していても、していなくても）努力している型を特定しており、そして何が人間にとっての真の善であるか悪であるかを判断する基準として考えられるのかという混乱を招いた[2]。だが、これらの人たちは間違いなく同一人物である。自由な人は理想的な人間を指す。それは、主観的かつ情熱的につくられた理想の人間ではなく、人間本性に形而上学的基盤をもつ、まさに理想である。人間が自分たち自身の理想を実際に認識したとき、そしてそれを自分たちの試みのゴールに決めたとき、自分たちとは真に何であるのかという深い理解に基づいて自由な人、つまり努力あるいは力を最大限に使える人間になることが、情報に基づいた、理性的な欲望の目的である。

　これによって、自由な人という概念が誤解されたり、不当に中傷されたりするのを防ぐことはできなかった。多くの人が、スピノザのいう自由な人は描写が不十分、実現不可能であると述べ、また人間がせいぜい漸近的《ぜんきんてき》に近づくのが精いっぱいで実際には決してなることができない不可能な型とまでいわれている。自由な人を実現不可能な理想と考える人は、どんなものであれいかなる情念ももっておらず、特にほかの人間と相互に関係しながら我々がこの世界に暮らすうえで、通常経験する受動的な感情を欠いている人だと、スピノザの推論部分は述べている。

だが、これは誤解である。スピノザは自由な人を理想としているが、これは（原理上）我々人間の具体的な本性が実現できる条件である。実際、自由な人とは、スピノザが述べている「理性の命ずるところに従って」行動する人と同一である。確かにこの条件を達成するのは困難であり、情念をかなり癒やさなければならない。しかし、スピノザの自由な人を、魅力的ではあるが、人間の限界を超えた達成不可能な理想であると考えるのは誤りであると、私は主張する。

自由な人の生き方を考察する前に、対処しておかなくてはならない顕著な問題がある。スピノザが『エチカ』で使っている言葉には、避けられない言語学的理由により、性差がある。スピノザがすべての著書で使用しているラテン語は、文法上「人間」や「人」にあたる性別による区別のない名詞がない。Humanitasは概して「人間性」や「人間の本性」を意味するが、人間個人に関しては男性名詞であるhomoやvir、あるいは女性名詞であるfeminaのみしかなく、中性的なhumanumという言葉は「人間のもの」という意味で収まりが悪い。しかし、homoはその人の性別が不明であるときや、重要ではないときにも用いることができる（一方、virは男性を指すときにのみ用いる）。よって、本章の冒頭では、標準的な英語で翻訳したときに多く使われているため、スピノザの読者にはなじみのある「自由な人《マン》」という言葉を使い、ここでは引用として再度用いたが、私独自の論考では、homo liberの完璧に正当な翻訳として「自由な人《パーソン》」という言葉を使う。

しかし、この言葉の区別は、より大きい重要な問題に関係している。スピノザの道徳哲学に性差はあるのか。スピノザは実際に女性ではなく男性だけが「自由」になる能力および機会をもっていると考えていたのか。文法的な疑問はさておき、スピノザの実質的な意見はそこまで問題が及ぶ。『政治論』の終わりに、スピノザは女性と、女性の知的能力を見下したような記述をしている。晩年の著書の政治的理論に隠されたスピノザの意図は何であったにしろ、原理上、そして『エチカ』に記されている形而上学的倫理を通じて、スピノザはよい生き方を達成する可能性から人類の半数を本当に除外していたと考えることは可能なのだろうか。この疑問については本章の最後で再度考察する。

『エチカ』第3部の最後から第4部冒頭の定理にかけて、スピノザは我々の平凡な生き方を極めて暗い視点で描写している。情念――個人の状態やコナトゥスに外部から変化をもたらす――は、通常我々の願望を支配するという論拠をまとめながら、スピノザは（スピノザらしくない詩的表現で）「ここまで述べたことから、我々が外部からの原因によって、多くのやり方で動かされ、逆風に吹かれる海の波のように、我々の結末や宿命もわからないまま転がされることは明らかである」[3]と述べている。我々は、自分たち自身の指揮をとるよりもむしろ、我々の外部にあるものに振り回されている。我々の幸福は、自分たち自身では手に入れることができないかのように思える。

しかし、情念にとらわれた哀れな生き方から、人間の本性の完全性と、保つ力を最大限にもった見本となる理想の人間の生き方を描写し始めると、状況はかなり明るくなる。ここでは（まだ）スピノザはこの型を「自由な人」とは呼んでいないが、理性に導かれた生き方を示している。これは、「適切な観念」――感覚的経験や想像力によって（受動的に）生じる不適切な観念に反して、ものをはっきりと区別して、真に理解すること——に基づいて、自分自身（そして他者）にとって真に有益で、役に立つ何かだけを能動的に行い、求める生き方である。

スピノザは因果関係の観点から、活動を定義している。本来、個人はそれ自体の状態とそれが何をするかの適切あるいは十分な原因である限り、能動的である。一方、個人はほかのものからの影響のされ方で定められた状態と活動の程度によっては、受動的である。人やものが、コナトゥスや性質のみに従って、あるいはそれらの表れとして動くのであれば能動的であり、人やものに作用しているほかのもののコナトゥスや性質を部分的に反映して動くのであれば受動的である。

> 我々が適切な原因であるとき、すなわち我々のなか、あるいは外部にある何かが、それ自体でしっかりと明瞭に理解できる我々の本性から生じているとき、我々自身のなか、あるいは外部で、何かが起きたとき我々は動くと、私は述べる。反対に、何かが我々のなかで起きたり、我々が部分的な原因である我々の

本性から生じた何かが起きたりしたとき、我々は動かされていると、私は述べる[4]。

人間の場合、人の行動——その人の欲望と選択——は部分的にほかのものが何であるか、そしてそれらがその人にどう影響するか（たとえば、それが起因する快楽あるいは苦痛、あるいはそれらの示す魅力的な姿）によって、あるいはその人の認識のみ、つまり何が真の善であるかという自分自身の理性に基づいた信念によって決まり得る。後者の場合、その人のすることは全面的および適切に、その人自身の保つ努力のみを表しているため、その人は能動的である。

スピノザは、活動と自由を同等とみなしている。意志に自由はない。つまり、意志とは「意志」という能力があるという誤った信念と、決定することを含んだ自分たちの精神生活を支配する原因についての我々の無知に基づいた勘違いにすぎない[5]。自由は、あらゆる恣意性も、決断力の欠如も必要としない。人は自分でそうしない限り、自分自身で決めたり活動ができなかったりしたとしても自由でいることができる。必然性でさえ、自由と両立できなくはない。１６７４年、オランダ・ホリンヘムの法律家フーゴー・ボクセルに宛てた書簡のなかで、スピノザは「必然と自由は、ひどく理にかなっていない二つの相反するものである[6]」と述べている。スピノザの宇宙には――それ自体の性質、あるいはその原因によって――因果的に決められても、必要とされてもいないものもないが、だからといって、自由なものはないという論拠に従ってはいない。すべてはその決定がどこからくるかに依存している。

自由とは、能動的な自主性と、外部のものに関連した因果的独立である。本質的に自由であるとは、自己決定をすること、要するに自分自身の本性――つまり自分のコナトゥスに基づいて考え、望み、行動することである。自由に相反するのは決定や必然性ではなく、制約あるいは外部の力によって強制されることである。スピノザは『エチカ』の冒頭で自由を次のように定義している。「自由というものはそれ自体の性質の必然性のみによって存在し、それ自体のみによって活動することを決められる[7]」

厳密にいえば、神と自然のみが存在し、その性質の必然性のみによって活動するのであるから、神と自然（Deus sive Natura）のみが絶対的に自由である。何であれ自然が起因したものは、必然的に自然の内在する力から生じる。また、神と自然の外部には活動を強制するものはない。しかし、自然のなかにいて、自分たちの外部にあるほかのものによって常に影響されている有限の個人は、多かれ少なかれ自己決定をすることができるため、多かれ少なかれ自由であるといえる。人がその人の本性のみの表れとして何かをする限り、その人は能動的で自由である。[8] また、人がその人の本性とその人に影響する外部のものの性質の両方の表れとして何かをする限り、その人は受動的で自由ではない（『屈従』）。人が、自分は本質的に何であるかという理由によって行動するのは、甘い誘惑に動かされて行動するよりも、自由である。

スピノザは、精神の適切な観念により動かされて導かれる活動と自由は同等であるとも述べている。これまで見てきたように、人間は誰でも自分の利益になると思うことを追求し、そのためには粘り強く耐える努力をしようとする。[9] この試みは、いくつものやり方に方向づけられる。人間が能動的で自由であるとは、その人が望んですることがその人の精神のなかではっきりとした明瞭な観念によって決められ、また何が本当にその人のコナトゥスを保ち、増大することに寄与するのかという真の認識によって、決められる。その一方、人は不適切な観念——感覚や想像を通ってできた不足のある信念——によって欲望が率いられるとき、その人は受動的でとらわれている。「精神の能動は適切な観念のみから生じ、受動は不適切な観念のみに依存する[10]」

いいかえれば、自由とはまったくもって、その人が自分で知っているためにそれをするのか、あるいは外部のものによってどう感じさせられているか、そしてそのような偶然の出会いによってつくられた意見のためにそれをするのか、いずれかの問題である。自由には度合いがある。つまり、人がどの程度不適切な観念をもっており、それに応じて活動をさせられたのか、またそれらの不適切な観念はどの程度その人の選択を先導し、その人自身の本性のみからではなく、外部にある原因の性質と組み合わさったその人自身の本性からその人のすることが生じるのか、という度合いである。それが非常に強い身体的快楽の源であるために、何かを追い求めることはそのものの性質と同様に、その人自身の本性によっても決まる。しかし、外部のものが偶然にその人にどう影響しているかではなく、人の行動がその人の適切な観念によって決まるとき、その人は能動的で自由である。その人のすることは、その人の本性（その人の適切な観念）から生じ、ゆえにその本性の耐える努力に応じて、その努力を支えているのは確かである。

しかし、特筆すべきは、人の精神のなかに適切な観念が不適切な観念より多くあったとしても、それだけでその人が自由で能動的であるとはいえない、という点である。スピノザによれば、問題なのは何を認識しているかだけではなく、その認識がどれくらい有力か、である。

人間の精神は、適切な観念と不適切な観念（認識と情念）が敵対して優位を争っている領域である。すべての観念、すべての精神状態はいくらかの感情的要素をもっている。精神のコナトゥスを増大も減少もさせない観念は精神のなかにはない。より強い感情の力をもった観念が勝ち残り、効果的に欲望を決める。真の観念の存在は、その真実においてそれ自体だけでは、偽の信念および偽の信念から生じた欲望が誤った方向へと導かれていくのを打破するには及ばない。不快であるにもかかわらず自分にとってよいものをただ認識すること――たとえば、まずい薬を飲んだり、ワクチン接種を受けたりすること――では、それをすることへの激しい抵抗には勝てない。部分的に真の信念を構成する感情の強さだけが、感覚と想像の不適切な観念の感情的な力を乗り越えることができる。大雑把にいえば、私は薬を飲むことへの抵抗を乗り越えて、回復するためにその薬を本当に飲みたいと思わなくてはいけない、ということである。「それが真であるだけでは、善悪の真の認識によって感情を抑制することはできない。しかし、それが感情であると考えられたときにのみ、抑制できる」[11]。適切な認識が精神の活動する力の増大を示す限り、「精神が裏切られたほかの想像」を伴った感情に反する感情の側面を含むことになる。端的にいえば、感情だけが感情にうまく反対することができる。「感情は、抑制される感情と反対で、より強くなければ、抑制したり、取り除かれたりすることはできない[12]」

そのため、人はその人の適切な観念が、情念あるいは不適切な観念よりも強く、感情的に伝えられれば、自由である。その人の適切な観念が、優勢な欲望とその人が何をするかという決められた要因を構成するのはそのときだけである。また、その人の本性からその人のすることが生じるのも、この場合のみである。

我々の本性のみを通して理解されるやり方で我々の本性から生じる欲望は、適切な観念から成ると考えられている限りで、精神に関係している。そのほかの欲望は、ものを不適切に考え、その力と成長が人間の力ではなく、我々の外部にあるものの力によって決められている限り、精神には関係しない。[13]

我々は、通常、極めて不完全にただ自由である――もっと適切にいえば、スピノザいわくほとんど、ただ自由であることはない――なぜなら我々は、ほぼいつも情念に支配されて暮らしているからである。我々は、自分たちを心地よく感じさせ、苦痛や不快感の源が発生するのを避けると考えるものを追い求めると同時に、我々の欲望は、大抵不適切な観念――感覚と想像から生じる信念――によって導かれている。熱心に認識を探求し、それによって相当量の適切な観念を得た人であっても、いつもそれらの適切な観念のみによって行動を決めるわけではない。

よって、スピノザの道徳哲学には一連の等価性が含まれる。活動は自由と同じであり、自由は自己決定をすることと同じである。自己決定をすることは人が何をするかという、人の本性のみから生じた状態でいることと同じである。そして、人の不適切な観念よりももっと感情的に力強くあることで、人の行動を決める適切な観念（外部にあるものの性質ではなく、その人独自の知的な本性から生じた）をもつということである。

自由な人とは、正確にはどんな人を指すのかをしっかりと詳細に描いていく前に、正しい位置を探さなくてはならないパズルがあと2ピースある。

スピノザは合理主義者——形而上学的あるいは認識論的観点からだけではなく、特に彼の倫理的理論から——である。[14] スピノザは能動的で自由であり、適切な観念によって決定されることを、「理性の導きに従った生き方」と同一視している。ものを知的に理解し、能動的で自由な人を導く適切な観念は、理性の産物である。適切な観念は、合理的な人の本性から生じる。

スピノザのスキームには、3種類の認識がある。彼はそれらを適切に「第1種の認識」、「第2種の認識」、「第3種の認識」と呼んでいる。[15]

第1種の認識は、不適切な観念のみに存する。これらは、感覚の経験と想像によって生じる部分的で、遠近法的で、変わりやすい観念である。スピノザは、これらの観念を「バラバラで、混乱していて、秩序のない知性」と述べている。この、いわば「ランダムな経験による認識」――なぜなら我々の制御下ではなく、やみくもなやり方でたどり着いた観念を含むため――は、本当の認識ではなく、単なる意見にすぎない。また、スピノザは「嘘《うそ》の唯一の原因」とも述べている。このように極めて個別化された観念は、世界はどうあるべきか、あるいは人はどう行動すべきかに関して信頼できない導きをする。つまり、このような観念は現在あるいは過去のいずれにおいても、ものがどのようにたまたま我々に影響したかを示すだけである。もし何かについて知っていると思っていることが、今自分が見ている、あるいは以前にそれを見たときの外見、匂い、感触のみによるものだとしたら、それは明らかに極めて表面的な理解でしかない。第1種の認識は、まったく主観的である。

一方、第2種の認識と第3種の認識は、常にそして必然的に真である。スピノザは第2種の認識を「理性」、第3種の認識を「直観」と呼んでいる。どちらも適切な観念のなかにあり、世界にあるものを深く、形而上学的に根拠のある理解を表し、それらの真の性質を明らかにする。すなわち、ものを偽りなく認知するのは理性の性質である。「ものをあるがままに認知する」[16]。しかし、もし理性の適切な観念が、ものは真に何であるかを見せるのならば、因果関係を示す正しい情報も提供し、なぜそれがそうでなければならず、それ以外の在り方であってはいけないのかを示さなければならない[17]。適切な認識は、その原因の認識を必要とする[18]。

同じように理性も重要であるのは、因果関係の認識を含むからである。そのため、理性はものの必然性も伝える。「ものを偶然的ではなく必然的にとらえるのは理性の性質である」[19]

最後に、すべてのものは神あるいは自然のなかにあり、それらから生じる――それらの様態である――のだから、理性として認識されるものの適切な観念は、必然的に「神の永遠で無限の本質」についての認識を含む。スピノザが『エチカ』に残したいくつかの驚くほど大胆な記述のうちの一つとして、このことについては次のように述べている。「人間の精神は、神の永遠で無限の本質について適切な認識をもっている」[20]

理性によって深く理解される自然の一部に、人間が存在する。理性は、我々が何であるか——人間の本性とは何であるか——そして我々がどう自然のほかの部分と関わっているかを示す（いいかえれば、スピノザによる『エチカ』の第1部と第2部の形而上学的で認識論的な定理は、理性の産物である）。それゆえ、理性は人間にとって何が真によく（真に悪い）かも把握していなくてはならない。なぜなら人間の耐える努力と力を最も助力する（あるいは最も妨げる）のは何であるかは、このことによって決まるからである。

よって、理性はスピノザのいう「正しい生き方」の信頼できる導き手として働く。理性は、人間の試みの終わりを定め、それを成し遂げる最善策を指し示す。理性に導かれて生きる人は、何をするべきか、なぜそうするべきなのかを認識している。合理的な人は、その人独自の本性に従って行動する——情念に導かれ、外部のものの性質に従って生きる人とは違って——そして真に最も自分のためになることをする。理性は、自由な生き方を示す。

自由、活動、自己決定、それに理性に従った生き方といった等価性のある並びの最後に、もう一つ加えるべき要素がある。それは、明確に道徳的な概念であり、起源を古代にもつ。

古代ギリシャおよびローマの哲学者たちは皆、自分たちの倫理的な考えの中心に美徳を置いていた。相違点はさておき、彼らは概して最もよい生き方に美徳は不可欠であると考えていた。人が世界中にある美徳以外のもの、富、権力、知性、友人、愛人などその人が欲するすべてのものをもっていたとしても、美徳をもっていないのであればよい生き方を送ることはできない。

アリストテレスの影響力のある観点では、本来すべて（人間を含む）は、不可欠な機能、つまりその本来の役割あるいは目的である何かをもっている。ドングリはカシの木になるため、火は燃えるため、目は見るという目的をもつ。美徳は、ものがそのもの特有の卓越した機能を発揮する原因となる。「いかなる卓越も、卓越しているものによい状態をもたらし、その働きをよくする」[21]（古代ギリシャで通常使用されていた「美徳」を指す言葉はaretéであり、これは「卓越」と翻訳することもできる）。高潔な目はよく見える——卓越した見抜く機能を発揮する。人間の場合、人間特有の機能は、純粋な熟考および行動とつながった考えのどちらにおいても、合理的に考えることである。そして、人間の美徳は、知的および実質的両方の事柄において、人が卓越を示すことを許す。アリストテレスのいう高潔な人は、常に正しい行いとは何であるかを知っており、それをすることで正しい快楽を得る。

スピノザの道徳哲学は、古典的な意味では「美徳の理論」にはあてはまらないかもしれない。なぜなら、いろいろな意味で特異だからであるが、特に決定論的形而上学で自然をとらえており、それは人間とは何であるかという独特な構想をもっているからに違いない。しかし、スピノザが古代の先人たちと考えをともにしているのは、いかなる場合においても道徳的に理想あるいは理想の型とされる生き方とは美徳の具体化だという概念である。

スピノザのいう美徳は、アリストテレスの美徳とは異なる。スピノザは初めに美徳を力であると定義している。「私は、美徳と力を同じものであると理解する。すなわち、美徳が人に関係している限り、それはまさに人間の本質あるいは本性である。そして、それはその人の本性の法則のみを通して理解される何かを引き起こす力を、その人がもっているときに限られる[22]」。しかし、突き詰めていくと力を使うことすべてが美徳の表れではないため、これは多少誤解を招く恐れがある。それ自体が単に何かをすることは、特にその活動が外部の状況によって決められ、ゆえにその媒介の力を部分的に反映しているだけである場合、高潔に活動することではない。定義が示しているように、その個人独自の本性のみから生じた力を使っている場合だけ、美徳であると考えられる。「本性に従った行動」としての美徳という古代ストア学派の唱える原理を強く引き合いに出しながら、スピノザは「美徳とは……、その人自身の本性の法則に従って行動することにほかならない[23]」と自らの定義を明らかにしている。ここまで見てきたように、いかなるものも本性とは、ただそのコナトゥスであり、あるいは存在することに耐える努力である。よって、いかなるものも本性の法則は、ものがありのままの状態を保つ努力をするように指示する。そのため、スピノザは「美徳の基盤とは、人が自分のあるがままの状態を保とうとする努力そのものである」と結論づけている。高潔な人とは、その人独自の本性の法則に従い、自分のあるがままの状態を保とうと行動する人である。いいかえれば、美徳とは自己保存のための努力を遂行することである。「それぞれの人が自分のあるがままの状態を保とうと努力し、それが成し遂げられれば、その人はさらなる美徳を授かる[24]」一方、美徳に相反する――そしてこれはおそらく悪徳であると考えられるが、スピノザはこの言葉を使わずに「力の不足」という表現を使った――のは、自分自身の本性に従わず、自分の外部にあるものの性質に従って行動することである。美徳あるいは力が欠如している人は「自分の外部のものに自分を導かせること、および自分自身が考える自分自身の本性が求めるものによってではなく、外部のものが求める一般的な構成がすることを外部のものに決められることを許す[25]」。こういった人は、まさに情念や、それらに起因する外部のものにとらわれている人であるから、聞き覚えがあるだろう。反対に、高潔な人とは能動的で、自己決定をし、理性の導きに従って生きている人と同じである。つまり、高潔な人は自由なのである。

スピノザが考えていたように、合理性、自由、そして美徳のある生き方とは、我々の形而上学的に根差した目標である。なぜなら、それは我々の本性を最も高く表し、人間の繁栄の頂点を意味するからである。我々人間は、気づいているとしても気づいていないとしても――そしてスピノザの『エチカ』を読むことでそれに気づくかもしれないが――自然および必然的に合理的な美徳である自由の状態に到達しようと努力している。[26] あらゆる個体は、コナトゥスによって、本質あるいは性質によって、その力あるいは活動を保ち、できるだけ高めようとさえするために動かされる。つまり、理性の導きの下に生きることは、さらに力強い状態と我々人間のコナトゥスをさらに認識することを意味する。よって、このような生き方をしている人は、この状態を手に入れる有用性によって、善悪を判断するものはどれであるかに従い、naturae humanae exemplar つまり人間の「型」あるいは「より完全版」である。

我々はやっと、homo liberを考察するところまで行き着いた。この不可解な語句が最初に使われているのは『エチカ』の後半であり、特別な重要性をもっているかのように思える。ここまで見てきたように、いかなる人も能動的で、自己決定をし、理性に導かれている度合いによって、多かれ少なかれ自由でいることができる。しかし、自由な人という概念の示され方が、自由な人とはたまたまほかの人より多く理性の指示に従って生きている人というだけではないことを示唆している。[27] 意欲や行動の面で自由な人が示しているのは実際に、理性の指示に従って行動する個人の完璧な具体例である。自由な人とはある意味で手本——絶えず、例外なく理性とその人の適切な観念に導かれている人——である。自由な人は決して理性の指令に背かない。実際、その人の適切な観念の感情の力を考えると、自由な人は理性の指令に背くことができない。スピノザのいう自由な人——揺るがない合理的な美徳をもち、最大限の力と活動をもつ人間の状態のよい例を示す——は、我々が自然および必然的に努力することに対する真の「人間本性の型」である。[28]

そして、これが面倒の始まりである。

というのも、次のような疑問が出てくるかもしれないからだ。我々の本質的に不完全で平凡な生き方に対する理想が、なぜ自分たち自身の生き方とは極めて異なるように見える生き方であるのか。そのように複雑で情念的な生き物である我々が、どうしたら自由な人の、非凡で、一見実現不可能な生き方および行動の様態を具体化できるのか。

それは、スピノザのいう自由な人という理念を解釈する仕方による。一つの可能性として、自由な人とは、適切な観念と比較して、情念や不適切な観念が、欲望に対して感情の力や効力が不適当であり、そのために行動する意欲を得られず、ただ単に理性と適切な観念に導かれて行動している人ではない、と考えられる。おそらく次の疑問は、それよりもさらに急進的である。何であれ、もし自由な人がまったく情念あるいは不適切な観念をもっていないならばどうであるか。そうであれば、自由な人はただ能動的、それも常にただ能動的であるだけではなく、いかなる受動性も経験することはなく、絶対的で純粋に能動的である[29]。自由な人のコナトゥスは、積極的にも消極的にも外部のものから影響されることはないはずである[30]。スピノザ独自の基準によれば、そのように理解されている自由な人は完全に自由であり、実質的にまったく自然の一部ではないことになる。

一方、実際の人間は因果的に外部のものに影響されずにはいられない――自然の一部でないことは不可能である。自然のなかの有限の生き物として、人間は常に必然的に受動的な感情の支配下にあり、よくも悪くも外部にあるものによって、自分たちのコナトゥス（身体と精神の）を修正される。スピノザがこれに関して最も明確に述べている箇所は、次のとおりである。

> 人が自然の一部ではないことは不可能であり、その人自身の本性のみを通して理解され得る、およびその人がその適切な原因である以外には変化を経験せずにいることはできないはずである。
> このことから、人は必然的にいつも情念の支配下にあり、自然の共通な秩序に服従し、ものが必要とする性質にできる限り自分自身を適応させる、ということがわかる。[31]

そうすると、実際に存在している人間は自由な人の理想を認識することは到底できない、ということになる。人間本性のそのような型が、もし情念をもたない純粋に能動的な個人として理解されるのであれば、我々が必然的にこの世界に生きているというまとまりのない因果的なつながりのなかで、具体例を挙げて説明することはできない[32]。存在する人間は、常に情念を経験している。理性の導きに決して背くことはない明確な生き方をしている個人であっても、影響を受けるのを避けることはできない。このように一貫して合理的な個人は自由に行動するかもしれないが、自由な人の典型的な自由に比べると、その人の自由は不足した、あるいは二番手のような自由である。彼らの自由は、いかなる情念ももたないことにあるのではなく――すべての生きている人間のように彼らも情念をもっており、もたなくてはならない――彼らの適切な観念は必ず感情的に、不適切な観念より強く、そのため彼らの欲望を決めるために常に働くという事実にある[33]。

この観点では、スピノザのいう自由な人――一人の学者いわく、そういう人の力は「変動しない[34]」のであるから、能動的あるいは受動的であろうと何であれいかなる感情も経験しない――は、最後にはある種の道徳の漸近線のような極限の状況に行き着く[35]。

『エチカ』の第4部と第5部は、どうしたらより自由になれるのか、そして人間に可能な範囲でいかに理想に近づけるかまで述べていると考えられる。しかし、情念がまったくないという意味で（同様に形而上学的な意味で何かが「その性質のみの必然性によって存在する[36]」）絶対的および純粋に自由でいることができる唯一のものは、外部のいかなるものにも影響されない無限の力をもった永遠の存在――すなわち、神と自然である。[37]よって、自由な人とは、つじつまの合わない概念とまではいかなくても、実存的な不可能性である――我々が目指し、行動の導きとして使うことができる何かではあるが、我々が到達できる条件ではない。実際に自由な人になる努力は、神になる努力と等しいといえるだろう。[38]

　しかし、スピノザのいう自由な人をこのように考えることは間違いである。自由な人になることを、適切な観念だけしか含まない精神をもつという意味で、純粋で、絶対的な自由および能動的であることと混同している。

　スピノザは、『エチカ』のより不可解な定理のうちの一つにおいて、「もし人が生まれながらに自由であるならば、彼らが自由で居続ける限り、善悪という理念はもたないだろう」と述べている。そして付随する証明のなかで「生まれながらに自由な人は、適切な観念のみをもって、自由で居続ける[39]」と続けている。スピノザの適切な観念についての概念と、善悪の定義から考えると、生まれながらに自由であり、自由で居続ける人は、その人の力が外部のものによって増大したり減少したりすることを決して経験することはないという意味を含んでいると考えられる。つまり、その人は決して情念を経験することがない。しかし、自由な人は「生まれながらに自由」な個人であるとは定義されておらず、スピノザが明確に述べている事実に反する条件は、不可能である。定理では、自由で居続ける人は外部のものによって影響されることはない（「……自由な人は、適切な観念のみをもって、自由で居続ける」）と述べられているが、スピノザは人が生まれながらに自由である場合のみこれは真実であり、自由であることが終わることはなく、人生の途中から自由になり、そこから自由で居続ける人とは異なるということを意味しているのかもしれない。しかし、認めざるを得ないのは、この定理部分を、いかなる自由な人（生まれながらに自由であってもそうでなくても）の自由は、不適切な観念から生じた免疫をその人に与えると解釈せずに読むのは難しい。

さらに、自由な人についてスピノザが述べているほとんどの内容は、自由な人はまったく受動的な感情をもつことはないという観念と調和させるのは難しい。次章に記載されているが、スピノザが自由な人の気質と行動を再考察したいくつかの定理は、そのような個人の飢え、世俗的な楽しみ（「美の鑑賞」を含む）、そして特に友情を含む社交的な関係といったものに対する反応の仕方について強調している。これは、自然の一部としてそのなかに生きていることから生じる不適切な観念を、受動的に経験することさえないという描写であるとは考えにくい[40]。

「生まれながらに自由で、自由で居続ける」人についての一つだけ不明瞭な定理はさておき、『エチカ』に記されている内容は、スピノザが人間の型を因果的に孤立した個人であるとも、外部のものによって引き起こされた情念を免れるとも、すべての情念および不適切な観念から自由である――実質的には「自然の外部」とみなされる――とも、そのため実際の人間にとっては必然的に実現不可能な理想であるとも考えていないことを強く示唆している[41]。自由な人は、いかなる個人がそうであるように自然の一部であり、そしてその人の人生を通して、それに応じて影響される。

自由な人、人間の本性の模範は実際、理性に導かれて（常に変わることなく）生きている人にほかならない。これは、自由な人が『エチカ』のなかで最初に登場した部分から明らかである。第4部定理66の備考部分において、理性に導かれた生き方とは何であるかという長い考察のあとで、スピノザは次のように述べている。

> 情念あるいは意見のみに導かれる人と、理性に導かれる人の違いが何かは簡単にわかる。前者は、意図しているかいないかにかかわらず、自分の意識が及んでいないことをしている。一方、後者はほかの誰でもない自分の望みに従い、人生において最も重要であると自分が知っていることのみを行い、そのことを大いに願う。これゆえに、私は前者を奴隷、後者を自由な人と呼ぶ。

それからスピノザは、「自由な人」と行動に明確に専念している七つの定理に移行し、「ここで、自由な人の節度と生き方についていくつか注意しておきたい点がある」[42]と述べている。ここで明示されたhomo liberについて後続する広範囲の考察は、明らかに理性に導かれる生き方について、ここまでスピノザが述べてきた内容の続きである。

自由な人の実例であるという範囲内で、まったく例外なく理性に導かれて行動することは適切な観念をもつことのみを意味するわけではない。これが意味しているのは、その人がほかのものによって引き起こされる変化の影響下にあるとしても、その人の適切な観念を通して、自由な人の本性がその人の行動すべてにおいて十分な原因ということだ。自由な人は、情念を経験しながらも、決してそれらの情念に自分の行動を決めさせない個人である。つまり、常に理性の指示することを行う人である。自由な人は自分自身をコントロールできる。そういう人は、自分のすることに受動的というより、能動的である。その人の欲望と行動は、情念ではなく、理性の命令に従う。自由な人の自由は、情念をもたないことにあるのではなく、動機づけの力の欠如にある。

欲望については、当然、それがよい感情あるいは悪い感情から生じているかどうかによって善悪が決まる。しかし実際、情念である感情が我々のなかに生じる限り、欲望すべては理解しづらく……、人が理性の指示のみに簡単に従って生きることができるのであれば、役立たないものである。[43]

スピノザは、自らのいう「気質の強さ[44]」を通して、自由な人は情念――少なくとも、それらを理解して適切な観念に変えて「取り除く」ことができないもの――を「抑える」ことができ、その人の行動を決めないよう避けることができると述べている。[45]

スピノザは、デカルトやストア学派などの哲学者たち――いかなる個人も、正しい準備と意志力のみを通して、「情念を絶対的に支配」できると主張している――について厳しい意見を述べている。[46] 理性、啓発、あるいはほかの手段のいずれにしても、自然な人間の生き方からまったく情念を取り除くことができる訓練はない、というのがストア学派の見解である。しかし、単に意志――もしそのようなものがあるとしたら――を、情念に対して「絶対的に命令することができる」という答えとするのも不可能である。情念はその人が望む望まないにかかわらず、またどれだけ自由であるかにかかわらず、そこにある。スピノザの観点――そしてこれが自由な人が特に得意とすることである――からすると、我々にできることは、情念に対して認識論的な「改善策」を活用し、それによって情念を和らげたり、抑えたりすることである。自由な人がもっている「感情を超えた精神の力」には、情念を人生からまったく消し去ったり、「意志」と呼ばれる想像の能力に情念を従わせたりするのではなく、情念としての力を弱める能力がある。正しい認識――自分自身について、そして特に延長されたものとしての自分の身体について――をもって、自由な人は自分の不適切な観念に反撃し、それらの原因を理解してしっかりと明瞭にできる認識をもつことで、それらを能動的な感情に変えることさえもできる。いいかえれば、自由な人は悲しみを喜びに変えられる[47]。

そして、自由な人は常に、最も自分のためになる真の自分とは何であるかに基づいて行動する。そういう人は世界の善悪を知っており、それらを操ることに秀でている。スピノザがようやく自由な人について考察を始めた部分で述べているように、理性に導かれている人は「ほかの誰でもない自分の望みに従い、人生において最も重要であると自分が知っていることのみを行う[48]」。

よって、自由な人が「自由」であるのは、一貫して適切な観念によって行動を決めるからである。そういう人も情念や不適切な観念をもっているが、それに基づいた行動は決してしない。自由な人の適切な観念は、いつも感情的にその人の不適切な観念より強く、欲望はいつも認識をきっかけにして生じる。例外のない合理的な不変性は、人間本性の型と、定期的にそしておそらく大抵、しかし常にでも必然的にでもなく理性に従っている、より普通の人とを区別する。受動性などないことを暗示していると考えたとき、「自己決定」は「純粋に能動的」であることを意味するわけではない。これが意味するのは、単に個人は「外部のものの共通する構造が要求することをするように決められる」のではなく、むしろ「その人自身が考えた本性が要求する」ことによって決まる、ということである。[49]

最終的に、自由な人の自由は、神の自由ではない――我々は神になろうと努力しているのではない――しかし神のような自由である。つまり、実際の人間の自己決定は、その人独自の有限のやり方で、神あるいは自然がもつ絶対的で無限のある種の自己決定に似ていて、それに近づく。

この時点で自然と、人間の自由の範囲についてのある疑問が浮上する。スピノザの観点からすると、事実ではなく少なくとも原理として、すべての人間が自由になることは可能であるのか。当然、経済的、政治的、社会的な違いや、生活している環境の事情に関係する自然な個人差はある。貧困、病気、身体的あるいは精神的な障害、抑圧的な政治体制の規則、そして人がコントロールできる域を超えたほかの要因はすべて、理想的な人間の条件を達成するための深刻な、そしておそらく乗り越えられない妨害となり得る。スピノザはこのことを認めていた。単に、理性に導かれる生き方を一貫して送るのには、もともと不合理すぎる人――スピノザはそういう人々を「愚か者および変人」としている――もいれば、物質的な状態が向上するまで、真に自由になるために必要である知性的な活動に専念するのを考えることすらできない人もいる。

しかし、おそらく最も明確であり、選択ではなく生まれつきの基本的な相違の特徴である生物学的な性別はどうであろうか。一般的な規則として、スピノザは生物学的な男性にも女性にも自由になる見込みが平等にあると考えていただろうか。

比較的短かった人生で、スピノザが晩年に残した言葉のなかに、この質問に対しての肯定的な答えと考えられる望みのある言葉は見当たらない。前述したように、スピノザは『政治論』の最終章で女性の知的能力を見下した記述をしている。民主主義についての考察部分で、女性は男性と同等の政治的権利をもつべきではないと述べている。その理由は、単に慣習や文化によって――その場合は社会政策を正すことで修正可能――ではなく、「元来の……女性の弱さ」ゆえに、女性が「夫の支配下」にあるためとしている。[50]よって、女性は「強さという気質と、元来の知性――人間の最も優れた力――と、それゆえに権利をもつ[51]」男性と同等ではないと主張している。なぜなら、知性のあるところに自由はあり、スピノザのこれらの見解に基づいて、自由とは女性の手の届くものではないと結論づけていると考えられる。

　残念なことに、これらは生前にこの論文（あるいは、まさにその章）を書き終えたスピノザ直筆による、まさに最後の言葉である。しかし、これらの言葉は本当に、女性の自由になれる能力についてのスピノザの見解を表している――あるいは、そう解釈すべき――内容を示しているのだろうか。『エチカ』には、原則として、少なくとも人間の自由とは、どんな人間でも手に入れることができる、あるいは少なくとも自由になる妨げとなるくらいに弱体化させる障害に苦しんでいない人であれば、手に入れることができると書かれている。なぜなら、「考える実体と延長する実体は同一の実体であり、今はこの属性の下、またほかのときにはあの属性の下にあると理解される」からであり、そして「延長の様態と、その様態の着想（すなわち精神）は同一のものであるが、二つのやり方で表される」ため、人間の精神の極めて特有な能力は、人間の身体の特有な能力の反射だからである。[52]

> 身体が同時に多くのことをしたり、同時に多くのやり方で作用したりできればできるほど、その精神もほかに比べて、それだけ同時に多くのものを把握することができる。そして、身体の活動がそれ自体のみに依存しており、ほかの身体とともに活動することが少なければ少ないほど、その精神は、より明瞭に理解することができる。そして、これら（事実）によって、ある精神がほかよりも優れていると知ることができる。[53]

スピノザはこの見解を男性の身体と男性の精神に限定することは意図していない。つまり、「より明瞭に理解することができ」、より「優れている」のは男性の精神ではない。反対に、スピノザは「人間の精神とほかのもの（すなわち、自然にいるほかの生き物の精神）との違いは何か、そして後者よりもどう勝っているかを決めるには、前述したように、その対象物の本性、すなわち人間の身体の本性を知る必要がある」と述べている[54]。この考察の主題は、corpus humana（人間の身体）および mens humana（人間の精神）である。

当然、生物学的に男性と女性の身体には明らかな違いがある。しかし、知性と自由の認識論および倫理的な見方からすれば、そのような違いは重要ではない。スピノザの残した文章に、人間の合理性という点から見た男性と女性の精神の性差をしっかりと正当化する男性と女性の身体の違いについて、急進的な見解を示しているものはない[55]。自由に不可欠である知性的な論理的思考は、すべての人間の精神がもつことができる。自由な人の生き方を手に入れられる人々のなかから女性というグループを外すという意図は、スピノザの哲学的見地にない[56]。

「人が自然の一部ではないことは不可能であり、その人自身の本性のみを通して理解され得る、およびその人がその適切な原因である以外には変化を経験せずにいることはできないはずである」というスピノザの主張は、自由な人および人間本性の型である優れた合理性と最大限の力という条件に達した人間を含み、すべての人間に当てはまる。

　前述したように、その条件を手に入れるためにそれが有益であるかそうではないかに従って、善悪を判断するものに関係して、このような理想的な個人の構想は、初期のものを含め、スピノザの全作品に一貫して書かれている。スピノザが、我々を完全にすること、あるいは「その人の人間の本性をもっと強く、もっと辛抱強くすること」は不可能で、達成できない理想であると書いている部分は、彼の全作品を通して見当たらない[57]。反対に、少なくとも原則として、これを生きている人間が手に入れることが可能であるものとして見ていた。『知性改善論』のなかで、より強くより辛抱強い人間の本性の概念について紹介したあと、スピノザは「よって、これが私の目指している最終点である。つまり、このような本性を手に入れ、多くの人が私とともにこれを手に入れる努力をすることである」と述べている。[58]

可能であるという原則ではあるが、自由な人になるのは、――手に入れなければならない認識と理解および自制の必要を考えると――実際には大抵の人の手が届く範囲を超えており、極めて難しいようである。[59] 情念は極度に有力であり、我々の平凡な暮らしのほとんどを支配する傾向がある。理性の適切な観念が、感情的な最大限の潜在力をもっている人、よってコナトゥスがその力の頂点にある人でさえも、最終的には受動的な感情の影響を受ける。スピノザは「自然には、ほかの何よりも有力で強い一つのものはない」と述べている。[60] これは、「人間が存在を保とうとする力には限界があり、外部のものの力によって無限に劣る」という見解から生じている。[61] よって、自由な人であっても不死身ではない。そういう人は長く幸福に存在し、最も重要であることのみを行い、理性に導かれて実り豊かに生きるかもしれないが、最終的には受動的な感情――少なくとも、病気、衰えや本性の力によって引き起こされたほかの衰弱――に負ける。これは、いかなるときでも、外部のものの力によってその人が熟考した行動が決められることを意味するのではなく、その人がいつか死ぬことを意味している。

スピノザは、自身が残したひと際印象的な宣言の一つで『エチカ』の結論を述べている。「優れているものはすべて、稀であるだけ難しい」。これは、ほかのもののなかで、紛れもなく自由な人になることを示唆している。おそらく、大抵の人が現実的に望める最良なことは、可能な限り理性の監督下で耐え、それによってできる限り、自由な人の完全な人間としての条件である理想に近づくことである。

スピノザの一般概念としての決定論は、自らの規範的な主張を明確に説明することを困難にしている。もしすべてのものが、因果関係で決まっているのなら、人がただ、その人のやり方を自発的に変えようと決めるときがあるかのように、人は合理的な美徳をもった生き方をすべきである、とスピノザが主張できる余地はないだろう。しかし、我々が生まれながらにもっている耐える努力を考えると、我々は人間本性の理想が表す魅力を感じずにはいられない。また、そのような理想的な生き方とはどのようなものであり、その利点は何であるかを考えずにはいられない。もしある人が本当に自由な人であったとしたら、その人はどんなふうに考え、感じ、行動するのだろうか。その人はさまざまな状況でどんなことをするのだろう。その人は、自分の理想の状態をどのように継続するのだろうか。そして同じくらい重要であるのは、その人が自分の力を保って増大させることを追求するなかで、ほかの人間をどのように扱うのだろうか。

幸運にも、スピノザは、単に我々は本性によって、合理的で高潔な個人である努力をしていると述べるだけでは満足していない。スピノザは、この状態に到達するには何が必要であるか、そしてなぜこれを達成することは非常に難解で稀であり、なぜ多くの人がこの目標とは程遠いところにいるのかを説明している。また、彼は自由な生き方の特殊性を知ることにも関心を向けている。『エチカ』第４部のほとんどの部分は、自由な人であるとは何であるか、つまりどんな行動をとるか、そしてその行動をするうえでどのような精神状態を経験するのか、という説明に充てられている。これらの定理が示唆しているのは、人間にとって最もよい種類の生き方についての、スピノザの極めて独特で、しばしば魅力的で、ときに直観に反しているが徹底的に証明された展望である。

第4章

美徳と幸福

スピノザは、1677年2月21日に亡くなった。その日、ハーグの家主ヘンドリック・ファン・デル・スピック――スピノザが暮らしていたパヴィルユーンスグラハトにあった家を所有していた画家――は、亡くなった哲学者の部屋に残された所持品のリストを作成した。現在では、ハーグ市の公証記録文書として保存されているそれには、スピノザの所持品(すべてではない)がリストアップされている。リストには、家具、リネン、衣類(「銀のバックル付きの黒とグレーの靴2足」を含む)、そして小さな顔の絵、あるいは無名の人物の首から上部を描いた肖像画も含まれていた。短いリストには「いろいろな本を収めた本箱[1]」もあったことが書かれている。

スピノザの死から1週間半後、妹のレベッカと甥のダニエル・デ・カセリスは、所持品の新しいリストを依頼した。レベッカと継息子でもあるダニエルは、スピノザの所持品のすべてを把握し、それらを売った金額で葬儀代と、スピノザの借金(寛大にもスピノザの債権者に立て替えをしていた家主への借金も含む)をまかない、あわよくば自分たちの手元に多少の金額が残るかどうかを知りたかった[2]。公正証書には、次のように書かれている。

レベッカ・エスピノサ（スピノザ）とダニエル・デ・カセリスの依頼により、懇願者に対して故人バールーフ・エスピノサの遺産および遺品の一覧を作成する権限をここに与える。現在、遺品が置かれている家を所有するスピック氏はこれが行われることを認め、遺品を適切に処分することを命じる。[3]

２度目のリスト作成はその日に行われ、最初よりも詳細に遺品の確認が行われた。[4] ２度目は、私物（シャツ７枚、「下着」２セット、タオル２枚を含む）が追加され、「リネン」のリストと、「木工品」のリスト——戸棚一つ、小さなテーブルいくつか、チェス盤１台、「状態の悪い望遠鏡いくつか」——の間には、１６０冊の本がリストアップされている。それらの本は大きさ——２折判、４折判、８折判、12折判——ごとに分けられ、いろいろなやり方で記録されている。題名だけ書かれているもの、著者名だけ書かれているもの、また両方書かれているものもあれば、ほかには題名も著者名もなく、本の内容の主題だけ（「フランスの対話作品」など）が書かれているものもある。すべてではないが、その多くには日付も書かれている。

スピノザの蔵書には、さまざまな言語で書かれた本が含まれている。大半はラテン語であるが、スペイン語、オランダ語、ヘブライ語、イタリア語、フランス語や、リストに記載されている内容からは言語が不明瞭な本もあった。[5] さらに驚くのは、その蔵書のジャンルや主題の幅広さである。聖書や聖書の注解書（ユダヤ教およびキリスト教）、タルムードやほかのラビ文学、ユダヤ教およびキリスト教（宗教改革および反宗教改革を含む）の神学理論書、辞書、文法書、用語辞典、古典の辞書、政治、医学、歴史、哲学、数学、科学、詩の本――さらにはペトロニウスの『サテュリコン――古代ローマの諷刺小説』（邦訳：１９９１年、岩波書店）まで！　という幅広さである。

哲学論文には、デカルトやホッブズといった現代の哲学者から、驚くことに古代ギリシャ・ローマ時代の論文まで数冊含まれていた。アリストテレスもあったが、プラトンの論文はなかった。懐疑主義、冷笑主義、エピクロス主義の哲学書はまったく含まれていなかった――スピノザは、ルクレティウスによる著名な哲学詩集『物の本質について』（邦訳：１９６１年、岩波文庫）さえ所有していなかった。しかし、古代ストア学派の論文や関連書は複数所有していた。『キケロー書簡集』（邦訳：２００６年、岩波文庫）の12折判（キケロ主義の簡易版シソーラスとともに）や、１５９６年に出版されたエピクテトスによる2カ国語版（ギリシャ語とラテン語）の『*Encheiridion*』もあった。蔵書のリストには、セネカによる書簡集の近年になって出版された二つの版：一つは元の言語であるラテン語で、フラマン人の人間主義者およびストア学派のユストゥス・リプシウスによって書かれたもの、もう一つはスピノザの友人（およびデカルトの翻訳者）であるヤン・ヘンリクス・フラゼマケルによってオランダ語に翻訳されたもの、も含まれていた。

17世紀という時代に比較的贅沢と考えられるこの蔵書の数々を、特にレンズ磨きで生計を立てていたとされる人物がどのように入手したのかはわかっていない。これらの本をスピノザが購入したのか、借りていたのか、あるいは贈られたのかという記録は残っていない。蔵書の何冊かは、晩年になって手に入れただけという可能性もある。しかし、１６５６年にスピノザがヘーレムを強いられる前にすべての版が出版されていたストア学派の哲学書が、スピノザの所有物であった——おそらく影響さえ受けただろう——その頃に、スピノザは商人としての暮らしから離れており、それらの本が確実に、スピノザが自らの哲学を発展・形成させるのに大きな役割を果たしたことは、簡単に想像がつく。

ストア学派の哲学を起源とする学説誌を3世紀に書いたディオゲネス・ラエルティオスは、キチオンと彼の支持者が「美徳と悪徳の間に、中間はない[6]」と主張したと述べている。美徳は、全か無かの事柄である。人は高潔であるかないかのどちらかである。美徳の手本とは、ギリシャのストア学派のいうsophos、つまり「賢人」である。これは、「することをすべてうまく行う」という高潔な状態をもつ人の特徴である。そういう人は常に正しい理由で、正しい種類の感覚をもって、正しいやり方で行動する。賢人は、「虚栄心をもっていない」が、「悪を視界から追い払い、現れたものをよいものにする生き方に従い、いつも自己をよくすることに慎重でもある[7]」。賢人は認識だけをもち、単なる意見に屈せず、間違いであるものに決して賛成しない。ねたみ、憎しみ、嘆きさえも感じず、「嘆きを魂の不合理な収縮であると見ている」。また、賢人は知恵を実用する。賢人は他人を傷つけたり、攻撃したりしないが、哀れんだり、迎合することも決してない。賢人は自分の両親と神々を敬う。実に、賢人とは「神々しさを内にもった」神のような人々である。何よりも、「賢人のみが自由であり、悪い人たちは奴隷である。自由は独立した活動の力となる[8]」。

ゼノンのいうsophosは、のちにローマのストア学派の書物にsapiens——ラテン語であるこの言葉はよく「賢者」と訳される——として再登場するが、これはスピノザのいう自由な人と同一ではない。ストア学派の賢者は、情念をもたない完璧な自由を手にしているが、スピノザのいう自由な人は、受動的な感情の影響下にあるにもかかわらず、常に自己を完全にコントロールできる。前述したように、スピノザはこの点についてだけは明確に、ストア学派を批判している。しかし、スピノザの道徳哲学のほとんどが、古代（そして近代の）ストア学派の書物を読んで得た内容に多大な影響を受けていることは明らかである。何より、自由な人の生き方は、かなりの度合いで、全般的な輪郭も詳細部分もストア学派の賢者と似ている[9]。

自由な人が高潔に生きていくにつれ、そういう人は例外なく「理性の指示」を認識して従う。そういったよい生き方の規定――何を行い、どう考えて感じるか――は、個人のコナトゥスに根づいており、生まれながらにもっている耐える努力と力について、ある種啓発された命題の表現を示している。[10] それらの最も一般的な形――そしてスピノザがこれらを最初に提示した際、「これらをもっと面倒な順序で証明し始める前に、簡潔に」と述べている――として、理性の指示が要求しているのは、

> 皆が自分自身を愛すること、自分自身にとって本当に役立ち、有益であるものを求めること、さらなる完全性へと真に導くものを欲すること、そして絶対的にできる限り自分自身を保つ努力をすること、である。[11]

このような広範囲の指令と、目標をどのように追い求めるのかという理性の実質的な導きは、客観的および普遍的にすべての人間に対して当てはまる。理性は、この人の特殊性やあの人の熱烈な好みなどは考慮に入れない。イマヌエル・カントの定言（道徳

的）命法のように、理性の指示は個人的な違いを超越して、人間の行動における普遍的な規定を示す。

理性が最初に命じているのは、「我々は美徳それ自体を求めるべきであり、それより望ましく、それより我々の役に立つものはない」ということである。美徳は、現在もこれから先も、得られる利益のために追い求めるのではなく、我々にとって最善の条件として、それ自体が利益――美徳とは我々が究極的に求める努力をするもの――である。しかし、理性に応じて活動をすることは美徳と同じであるから、理性は元来これを命じていることになる。「絶対的に美徳に応じて活動することは、我々にとって、自分自身の利益を求めるという基盤をもち、理性に導かれて行動し、生き、自分自身を保つ（この三つは同じことを示す）ことにほかならない」[12]

当然、生まれながらに自由な人はいない。自由で、合理的に高潔な人の模範的な生き方とは、成し遂げることである[13]。そして、何がよい（そして悪い）かは、我々がその目標を達成することを、そのものがどのくらい上手（そして下手）に助けるかに応じて判断される。もし美徳――うまく耐える努力――が、それ自体でよく、それ自体で追い求められるとしたら、適切な観念をもつよりも、その条件のために不可欠なものはない。そして、認識が、美徳を得る手段であり、また構成する部分である限り、それも真によいものである。理性に導かれる人が、理解するために努力し、理解につながるもの以外に価値があると考えないのはこのためである。「我々が理性に導かれて努力することは、理解することにほかならない。また精神が理性を使う限り、理解につながるもの以外は精神自体に役立つものとして判断しない[14]」。自由な人が自分自身のために求めるものとは、

> できる限り、自分の知性あるいは理性を完全にすることである……知性を完全にすることは神を理解し、神の性質の必然性から生じる神の属性および活動を理解することにほかならない。よって、理性——すなわちその人がそのほかの欲望を抑える努力をする、というその人の最も高い欲望——に導かれた人の究極の目標とは、自分自身そして自分の理解したすべてを適切に考えるように導かれることである。[15]

認識とは、有限で、はかない物質的なものとは異なり、無限に再生可能であり、無限に共有可能な資力である。いかなる個人も制限なく、そしてほかの人がそれを手に入れることへの偏見もなく、追い求めて得ることができるものである。

しかし、人は認識のみでは生きられない。我々が必然的にいつも自然の一部であり、「自分を保つために、自分の外部にあるどんなものも必要としないことや、自分の外部のものに対処せずに生きていくこと」をできない限り、理性も我々が「我々の外部にあり、我々にとって役に立つ多くのもの」をもつ努力をするべきであると規定する。[16] 自由な人とは、他人との交わりあるいは世界との関わりを禁欲的に避ける孤立した反社会的な人間、ある種の合理的な隠者ではない。自由な人の生き方における理性の重要な機能の一つは、「我々の外部」にあるものへの対処法を規定することである。外部のものは喜びの発信源となり得る――個人のコナトゥスあるいは力を増大させる原因となる――ため、理性は、我々が自身を保ち、力を増大する助力を実際にする、そういったよいものを求めるように規定する。[17] それらには、ほかの人間との社会的な交わりや、通常は維持、楽しみ、そして満足の発信源となるものや活動を含むこともある。

スピノザは、「理性の支配下にある人——つまり、理性に導かれて自分自身の利益となるものを追い求めている人——は、ほかの人のために欲することのないものを、自分たちのために求めることはない。よって、そういう人はただ正直で、称賛に値する」[18]と主張している。また、自由な人は、楽しく、親切で、寛容である。また、そういう人の気質は、人間同士の衝突を生む憎悪、ねたみ、嘲り、軽蔑、怒り、復讐やほかの悪い感情といったさまざまな精神の状態に影響されやすくはない。「理性の導きに従って生きる人は、できるだけほかの人が自分に対してもっている憎悪、怒り、軽蔑を、愛あるいは寛容さで報いるよう努力する」[19]。そういう人は、望みや恐怖に行動を支配されず、高慢、冷笑、卑下、失望に屈しない。

　合理的で高潔な人にとって何よりの喜びは、ほかの人間が合理的な美徳に導かれた生き方をすること、そしてそれにより理性が、その人の本性を共有する人と結合する自由な人を規定する（そしてその人たちが本性を共有するように、ほかの人たちの生き方をよくするために行動する）ことである。自由な人にとって、理性の導きに応じて生きる人とともに生きるのは、そういう境遇にいることで、その人自身の合理的な行動を強めるだけではなく、有益である。そうすることで、自由な人は「関連性を形成」し、「ほかの人と友情でつながる[20]」。スピノザいわく、そういう人は自分が人間関係を結んでいることを「嬉しく感じ」、ほかの人と共存していることを認知する[21]。

自由な人は、「外部の姿によってだけではなく、子どもをもうけて、その子を賢く教育する愛によって身体的に結合する欲望が生じている限り、明確に理性が賛成している結婚」のために、結婚もする[22]。おそらく、熱情に動機づけられたり方向づけられたり、あるいは無秩序な愛に支配されていたりしなければ、結婚は情念の欠けた結合ではない。

ほかの人間に加えて、自由な人にも確実に肉体的な滋養が必要である。「人間の身体を保つには、多くのほかの物体を要する[23]」。そして、自由な人が単に最低水準で生きることをスピノザが意図していたと考える理由はない。これらの「多くのほかの物体」とは、自由な人の身体（よって、その精神）を保って強くしたり、その人のコナトゥスが耐えたり増大したりすることに寄与する限り、（受動的な）喜びの発信源となる。よって、自由な人の生き方とは、肉体的な快楽に対しての禁欲的な自己否定によって動かされて、感覚的に悪化するわけではない。自由な人は世界から離脱することはない[24]。むしろ、そういう人は自分の利益のために世界を適切に使う方法を知っている。アリストテレスのいう高潔な人のように、スピノザのいう自由な人は、極端な手段を避け、自分自身のニーズや能力と比べて中間を目指す。そういう人は、自分自身のコナトゥスに助力し、自分自身に喜びをもたらすそれらのものを、身体を衰弱させ、精神の働きを抑止する過度な快楽を避けながら、適度に取り入れる。

> ものを使い、それらにできる限り快楽を得ること――当然、我々がそれらにうんざりして、それに快楽を見いだせなくなるようなほどではなく――は、賢人（viriest sapientis）の行いである。心地よい食べ物や飲み物、芳香、緑色をした植物の美、装飾、音楽、スポーツ、観劇、またそのほかの誰も互いに傷つけることのない種類のもので、適度にリフレッシュし、元気を取り戻すことは、賢人の行いであると、私は述べる[25]。

このように世界にある快楽に参加することは、理性の導きの下に生きるvir sapiensの精神にある不適切な観念を必然的に伴う。[26] しかし重要なのは、受動的な感情と不適切な観念が、自由な人にとって心地よく有益であるならば、それらは動機づける要素として適切な観念に従属するもののままである、という点である。それらは、単にその人に行動を起こさせるものではない。自由な人の日常的な関与によって引き起こされる情念――美しい身体の視覚的魅力や、良質なワインの芳香――は、欲望を決めるほど感情的に強くはない。むしろ、そうする程度――はっきりいえば、その人が「よい」と合理的に認識するちょうどよい程度――に、世俗的な喜びを追い求めて取り入れるように導くのは、その人の理性である。ゆえに、そのように理性に支配された欲望は、必然的に適度という結果となる。

よって、自由な人は暴飲暴食、酒酔い、熱情、強欲、野心を知らない。スピノザはこれらの悪徳を「飲食、性交、富、名声に対する節度のない愛あるいは欲望」と定義している。[27] 愛という形状で、それらは喜びや快楽をもたらすものに向けられる。しかし、特にその人が真によい何か――つまり、認識や理解――を求めることをそれらの愛が迷わせたり、あるいはその試みをする能力さえも奪ったりすることで、そういった愛はすべて人の身体と精神にある全体的なコナトゥスあるいは力を最終的には弱めることを含み、究極的には、悲しみをもたらす結果となる。であるから、「これらの感情を抑える精神の力」を通して、自由な人は節度があり、酒に酔っておらず、慎み深い。飲食を楽しむことや、人生を豊かにする娯楽は、理性の導く下で行われる限り、能動的な楽しみである。そういう人は、その人にもたらされる即座に得られる短い感覚的な快楽ではなく、自分自身の身体的および精神的な幸福のために不可欠であることを知っているために、自分のやり方で食べたり飲んだりする。

自由な人は、自分自身に有利な点をたくさんもっている。そういう人は、自分の率いる人生を楽しみ、何も欲しくない。知恵やほかの真によいものを追い求めることに専念し、ほかの人とうまく付き合い、人生においてより洗練されたものをどう適切に楽しむかを知っている。そういう人は高潔で、能動的で、自己抑制ができる。しかし、そういう人は幸せだろうか。

当然、それは「幸福」が何を意味するかによる。幸福とは、一時的に、あるいはもっと安定して長い時間、その人が送っている生き方に満足感を得ているかどうかという純粋に主観的な事柄である精神の状態なのだろうか。あるいは幸福とは、アリストテレスを始めとする哲学者が主張するように、事実の客観的な問題であり、意識が楽しんでいる状態を明確に伴う一方で、一定のやり方から見た自分自身と自分の生き方についての単なる感覚や考え以上である、そのものの状態や在り方なのだろうか。

ここで、再度スピノザは古代ストア学派の主張を手がかりにしている。

スピノザいわく、理性に導かれた自由な生き方は「最高の幸福あるいは至福がその場所にあることを我々に教える」。美徳とは「最高の自由」というだけではなく、「幸福そのもの」である。ある程度、これは定義のうえでは真実といえる。前述したように、美徳とは人間の耐える努力において、ただ優れていて成功しているものである。そして、この成功は幸福と等しい。「美徳の基盤とは、自分独自の在り方を保とうとする努力そのものであり……、幸福とはその人の在り方を保つことができる人にある[28]」

幸福が究極的に、それぞれの独自のやり方でコナトゥスを繁栄させながら、精神と身体の両方に不変の状態を、高潔な人がもつことであると定義される一方で、幸福とは主観的な要素ももつ。それは、そういった状態や世界に向けての特有の姿勢と、その姿勢に伴う満足の状態である。自由な人は、自然とそのなかにいる自分の立場を適切に理解——そして特に自然はすべてのものを支配しているという必然性の認識——を通して知っていることにより、人生の荒波に対処したり、真ん中を突き進んだりさえできるよう万全の態勢を整えておくことができる。

幸福とは少なくとも一般的に考えられているように、我々の欲望が満たされない世界のなかでの予測不可能で、すぐに過ぎ去る達成ともなり得ると、スピノザは我々に再認識させている。しかし、スピノザの主張する原理は次のとおりである。

> 運に関して、あるいは我々の力ではどうにもならないもの、つまり我々の本性から生じていないものに関して、我々がどう耐えなければいけないかを我々に

教える。そして我々は、よい運も悪い運も起こることを予期して、穏やかに耐えなければならない。三角形の三つの角度は、二つの直角と同じになるという本質からくる同じ必然性をもって、すべてのものは神の不変の判決から生じる[29]。

スピノザは、情念のほとんどは常に外側を向いており、どちらにせよ我々に影響を及ぼすものや、それらの特質に向けられていることを示している。自分自身の欲望に刺激され、我々は、喜びあるいは悲しみの原因であると信じているものを追い求めたり、逃れたりする。そのように生きるのは、屈従である。これは極めて厄介な存在である。実際に、スピノザは、もし一度所有できたとしても、変わりやすく、決して我々の力の下に収めることはできないものを過度に愛することは、ある種の病気を患っているようであると提言している。

精神の病と不運は特に、さまざまに変動しがちであるもの、そして我々が決してすべてを所有できないものを過度に愛することから起こる。その人が、それを愛していなければ、それについて動揺させられたり、不安を感じたりすることはない。また、誰も本当にすべてを所有することができないものへの愛以外からは、間違った行為、疑惑、敵意は生じない。[30]

しかし、人がものの必然性を知り、自分ではコントロールできないが、高く評価している物体が行ったり来たりするのを識別するなかで、それらを失ったり手に入れたりすることで湧き上がる感情に圧倒される、ということもなさそうである。欲望、懸念、望み、恐怖などは、ものは人の意志の影響下にあるのではなく、無数の因果的要因によって必然的に生じているという知覚によって、弱められる。合理的である個人は、すべての身体とその状態や関係性——自分自身の身体の状態も含む——が、物質の本質と、ほかの身体の因果的寄与を伴った物理特性の普遍的な法則によって必然的に生じることを知っている。また、そういう人は、自分自身の精神のいかなる状態を含むすべての観念が、思考の本質と、その普遍的な法則、そしてほかの有限の精神的原因によって必然的に生じることも知っている。そういう人は、自然がその人にもたらしたり、取り去ったりすることをコントロールできないと理解している。その結果として——そして、その人の認識の必然的な結果として——その人はこれから通り過ぎていくものを懸念することも、もっているものを失うという考えに取りつかれたり、落胆したりすることもない。

ものは必然的であるというこの認識が、明瞭で鮮やかに我々が想像する一つのものとより関係しているとしたら、経験自体が証明するように、感情に対する精神の力はより大きくなる。人が失ったよいものを、いかなる方法でも所持しておくことはできなかったと気づくと、なくなったよいものに対する悲しみは弱くなることを我々は知っている。同様に、（我々は幼少期を自然で必然的なものと考えるために）幼児が話したり、歩いたり、推論したりできず、何年もまるで自分自身という意識をもたないかのように生きていたりすることで、その子を哀れむ人はいない。[31]

ものの必然性を知っている人は、それらの推移を穏やかで冷静に注視する。そういう人は過度および理不尽に、過去、現在あるいは未来の出来事に違ったやり方で影響されることはない。なぜなら、そういう人は、それらすべてを不変の視点から見ているかのように注視しているからである。そういう人は、運の浮き沈みに自己抑制と穏やかな精神をもって立ち向かう。結果として人生は、より平静になり、情念による突然の混乱にも屈しない。

我々は、ほかの人々の行動や、我々が価値を見いだし、望みや夢を託している外部の物体の思いがけない連なりをコントロールすることはできないため、代わりに自分自身の評価や反応自体をコントロールし、それによって人々や物体、それらが引き起こす情念が我々にもたらす動揺を最小限に抑えようと試みるべきである。

人間の力は非常に限られており、外部にある原因の力はこれに無限に勝っている。そのため、自分の使い道のために外部にあるものを適応させる絶対的な力はもっていない。とはいえ、もし我々は自分の任務を果たしたこと、自分の力がそれらのものを避けられるまでに及ばなかったこと、そして自分が自然全体の一部であり、その秩序に従っていることに気づいているならば、自分の利益のための要求の原理に相反する事柄を穏やかに受け止めることができる。もし我々がこれをしっかりと明瞭に理解しているとしたら、理解によって定義される我々の部分、すなわち我々のよいほうの部分は、これによって全面的に満たされ、その満足（acquiescentia）が続くように努力するだろう。[32]

セネカやエピクテトスの唱える原理をよりはっきりとそのまま伝えている部分を、スピノザの残した文書のなかに見つけるのは困難だろう。[33]

自由な人が、自然のなかにいる自分の立場と、すべての自然のものを支配する決定論をしっかりと明瞭に認知することは、宿命的に服従し、世界から身を隠すことを率いるのではなく、冷静にものに耐え、世界をうまく渡っていく能力につながる。そういう人は、自由およびものの不確実性についての、間違った信念に基づき外に向けられた欲望によって、通常生じる懸念から解放される。いいかえれば、認識や理解は、平穏と自己抑制をもたらす。合理的で高潔な人は「真の精神の平和[34]」を知っている。
つまり、自由な人は、人間の幸福の真の意味で、幸せである。

我々は、自由な人――スピノザの道徳哲学における最も要となる項目である人間本性の模範――とは何であるかを知った。この高潔な個人が理性に導かれてどのように考え、行動し、感じるかという全般的な輪郭は、比較的はっきりしている。スピノザのいう「正しい生き方」のさらに際立った細部をもっと詳しく考察していく準備は整った。自分自身の内なる生き方と外部に向けた行動の両方の点から見て、自由な人とはどんなものだろうか。自由な人が厳密にすることと、しないことは何だろうか。自由な人はある状況でどのように反応し、さまざまな困難にどう向かっていくのだろうか。また同じくらい重要な疑問として、自由な人はほかの人間をどのように扱うのだろうか。そして究極の質問も投げかけよう。自由な人は自分自身の死の必然性と、どう向き合うのだろうか。

第5章

高慢から自尊心へ

３～４世紀に、大勢の極めて敬虔なキリスト教徒が、人を堕落させる誘惑に溢れた街から遠く離れ、禁欲で孤立した生き方を求めて、エジプトの砂漠へと隠遁した。荒野の教父(母)と呼ばれる彼らは、人間の罪の本性や神による救いの道など、精神的な事柄について深く考えながら祈りや研究に専念した。おそらく彼ら修道士、修道女、隠修士のなかで、最もよく知られているのは、大アントニオ——聖アンソニー——である。大アントニオは、彼を誘惑しようとする悪魔に苦しめられ、砂漠の隠れ家で彼の目の前にいるイエスのように立ち向かう(抵抗する)姿が、数々の有名な西洋美術の作品に描かれている。

　早年のアントニオの継承者の一人であるエヴァグリオス・ポンティコスは、しばしば孤独のエヴァグリオスとも呼ばれる。このエヴァグリオスはよく、初めて基本的な「誘惑」——我々が生まれながらにもつ能力からの逸脱として、ほとんどの形態の罪深い行動の内なる発信源である邪悪な考え——を一覧として並べ、説明した人物だと考えられている。エヴァグリオスの一覧は、３００年後にグレゴリウス１世によって体系化され、哲学者であり神学者のトマス・アクィナスによって、七つの主要、あるいは深刻な罪、あるいは悪徳と呼ばれた[1]。現在ではしばしば、七つの大罪といわれるこれらの一覧には、暴飲暴食、熱情、強欲、怠惰、高慢、怒り、ねたみが含まれる。それぞれの罪には該当する美徳がある。暴飲暴食には節食、熱情には純潔、強欲には慈悲、怠惰には勤勉、怒りには忍耐、ねたみには優しさ、高慢には謙虚さが、それぞれ相反する美徳である。

前述したように、自由な人――「強い気質」をもった人――は、外部のものへの欲求に関係している最初の三つの罪には屈しない。合理的で高潔な人は、身体で楽しむことに関して節度をもっている。そういう人は、食べ物、飲み物、セックス、蓄財などの快楽に関して多すぎず少なすぎず行い、極端なことを避ける。そして、情念ではなくむしろ理性に導かれてそういった欲望を満たす。よって、ほかの人への愛であっても、「外見のみからではなく、主に精神の自由によって」生じるべきであり、そうあることで貪欲な色欲へと悪化することはなく、そのため「さまざまな種類の糧を使うことが必要である」が、それは「身体が要するやり方で養う」場合のみに当てはまる[2]。

だが、物質的なよいものの摂取や楽しみではなく、ほかの人に向けられているその人の思考や態度がより関係しているほかの罪に関してはどうだろうか。予想通り、ここでも自由な人は、合理的な自己抑制の見本であり、典型的に不道徳な行動へとつながる内なる情念には不動である。そういう人は「誰のことも憎まず、怒らず、ねたまず、憤慨せず、軽蔑せず、そしてまったく自慢しない……そして何より、ものをあるがままに見て、憎しみ、怒り、ねたみ、嘲り、高慢といった真の認識の障害となるものを取り除こうと努力をする[3]」。

しかし、初めに挙げた（欲求の）一連の罪と、次に挙げた一連の罪には、興味深い違いがある。ぴったりと当てはまる言葉は見当たらないが、その違いとは「精神的」とでもいうべきだろう。初めに挙げた罪に関して、自由な人の美徳は、両極端に挟まれた「ゴルディロックス」な中間部分――健康的な生活を持続するために正しい種類の食べ物を、多すぎず少なすぎずちょうどよい量だけ摂取する――にある。一方、次に挙げた罪に関して、合理的で高潔な人は極端である。これらに関しては、そういう人はちょうどよい量で憎しみ、ねたみ、憤慨し、嘲り、自慢するということは経験せず、そういった特定の思考を少なくともほかの人に対して抱くことは、むしろまったくない。自由な人は悲しみを含む情念——すべての人間と同様、そういう人も自然の一部であり、外部からの原因によって引き起こされる情動の影響下——から免れるわけではないが、そういう人は能動的な（受動的ではない）喜びの生き方と、自身の合理的な本性のみに由来するさまざまな感情をもつ。自由な人は、友人の愛や食べ物による元気回復といったある種の受動的な感情の価値をはっきりと認識し、真価を認めてさえいる。しかし、その人がそうするのは純粋に合理的な視点からである。

スピノザにとって、道徳的な弱さ——スピノザは、神学的な意味を含む「罪」という言葉を使うのを避けている——の一つひとつは、喜びでも悲しみでも、情念に根差している[4]。実際、そのいくつかは、外部にある悲しみの原因の観念を伴う、悲しみである憎しみの形態にほかならない。人は、直接的あるいは間接的に、その人の力を減少させる人、あるいはものを憎む。状況、関係する人、対象となる物体によって、憎しみは純粋であるとも、誰かあるいは何かに対する、より特定された怒り、ねたみ、復讐の表れであるともいえる。

憎しみ

スピノザは『エチカ』第3部の多くの定理部分を、憎しみの情念を考察するのに費やしている。というのも、憎しみは、ほかの多くの有害な精神的姿勢の根底に存在するからである。スピノザの説明によると、我々は悲しみの原因を憎むだけではなく、悲しみの原因に似ているものも憎むという。我々は、自分の愛するものに悲しみを与えるものを憎み、自分の憎むものに喜びを与えるものも憎む。また、我々は自分を憎む人たちを憎む傾向にある(特に、自分がその人たちに憎まれる原因を与えた覚えがない場合)。同様に、ほかの人たちが憎むものを憎む傾向もあり(我々がその人たちを憎んでいない場合)、我々がすでにそのものを憎んでいたとしたら、ほかの人たちも憎んでいると知ることで、よりいっそうそのものを憎む。さらなる複雑さを加えて、スピノザは「もしある人が、自分のようなほかの誰かが、自分の愛する自分のようなものに対して、憎しみを与えていると想像したら、その人はその誰かを憎む[5]」と述べている。つまり、もしＡが、Ａのような Ｂが、Ａの愛するＡのようなＣ（人あるいはもの）に対して、憎しみを与えていると想像したら、ＡはＢを憎む。

一方、我々が憎むものに悲しみを与えるものを見たとき、我々は「嬉しく感じる」——喜びを感じる。また、我々は自分が憎むものをほかの人にも憎ませようとする（同様に、愛するものを愛させようとする）。これらはすべて狭量であると感じるかもしれないが、実際に狭量なのである。スピノザが述べている、情念に支配されて生きる個人の姿勢を思い出してみてほしい。そういう人の愛や憎しみは、少なくとも理性の基準に従っていないため、立派とはいえない。

憎しみが生むのは悪い活動——自分自身についてはいうまでもなく、ほかの人の忍耐力や力にも反する活動——である。憎しみは、憎まれている人に対して悪いことをしようという欲望に続いて生じる。「誰かを憎んでいる人は、その誰かを追い出したり壊したりしようとする[6]」。憎んでいる本人は、憎んでいるほかの人やものに悲しみを引き起こしたり、抹殺さえしようとする。よって、我々がほかの人に対して、肉体的あるいはほかのやり方で与える害のほとんどは、憎しみを起源としており、憎んでいる本人は不道徳な行動をする傾向がある。

そのため、スピノザは自分自身にとってもほかの人にとっても、「憎しみは決して善ではない」と述べている。しかし、スピノザは即座に、これが当てはまるのは、ほかの人に対する憎しみの場合のみであると書き留めて条件をつけている[7]。スピノザが条件をつけたのは、第8章で述べる内容である、人としての本性を共有できるほかの人、特に合理的で高潔な個人として繁栄するほかの人に囲まれることは、常にその人自身にとって最も利益となる、という事実のためである。ほかの人を憎むよりも、我々はそういう人を向上させる努力のみをするべきである。一方、人生において、有毒で、人の忍耐力に弊害をもたらす人間以外のものを憎み、そのために壊そうとしたほうが好都合である場面は必ずある。たとえばペスト菌（腺ペストを発症させる）、あるいは地球に直接向かってくる小惑星などが挙げられる。そのような場合、憎しみと破壊的行動から生じるものは、紛れもなくよいものだと考えられる。

しかし、伝染病ウイルスや殺人的小惑星などはさておいて、憎しみは本質的に悪である。ほかの人間に対して、自由な人は「憎しみをもたない」。合理的に高潔な個人は、決してそのように、ほかの人の人生を悪くするようなことを意図的にしない。反対に、そういう人は、利他的な気持ちからではなく、合理的な利己心によって（第8章参照）、常にほかの人の生き方を向上させようと努力する。たとえ、ほかの人が憎しみ自体のため、あるいはもっと特定な明示のために、うまく活動できなかったとしても、自由な人は憎しみで応えない。「理性の導きに従って生きる人は、できるだけほかの人が自分に対してもっている憎悪、怒り、軽蔑を、愛あるいは寛容さで報いるよう努力する[8]」（スピノザは「寛容さ（generositas）」を「理性の指示だけに従い、ほかの人を助け、ほかの人と友情でつながろうと努力する欲望[9]」と定義している）

　自由な人は、人のコナトゥスを弱めることを意味する悲しみに根づいている憎しみのために、憎しみに携わらない。そして、理性に導かれている人——「自分自身の本性の法則に従う人」——は、決して自分自身の力を弱めることはしない。自由な人は、悲しみではなく、喜びを経験できることを行うため、「そういう人は、憎しみの感情に悩まされないように努力する[10]」。そして、自由な人はほかの人の生き方の向上も求めるため、ほかの人も確実に、憎しみを含む悲しみに影響されないように努力する。ほかの人からの憎しみに愛で応えることで、そういう人は彼らの憎しみを愛に変えようと努める。これは、憎んでいる人が、憎しみの代わりに愛されていると認識したときに、その結果として喜びを経験し、その人のことを愛する人が原因をもつこの喜びという感覚が、それまでは憎んでいたはずの、自分を愛する人を喜ばせようとするようになることで起こる。つまり、その人に悲しみではなく、喜びによって影響を与えたのである。同時に、自分を憎んでいる誰かを愛し、その人が自分を愛するようにすることで、自分自身の喜び、よって自分の愛も増大する。よって、スピノザの視点では、概して憎しみはさらなる憎しみを生み、愛は愛を育てる。[11]

これは、自由な人は決して憎しみをまったく経験しないという意味ではない。もし、スピノザのいう自由な人を私が正しく説明できているとすれば、そういう人はいかなるほかの個人も同じくらい自然の一部であり、そのためそういう人も、必然的に外部のものによって引き起こされるコナトゥスの変動の影響下にあるだろう。そして、それらの変動のすべてがよい変化ではない。自由な人であっても、身体および／あるいは精神のある部分、あるいは一方を減少させる受動的な感情を経験することがあり、自由な人は悲しみを免れるわけではない。そういう人は、その人に痛みや悲しみを引き起こした物体に気づかないでいることもできない。もし、これこそが憎しみ——悲しみの原因であるものの概念——とすれば、自由な人もたまには憎しみをもつことがあると考えられる。

しかし、自由な人の自由があるのは、少なくとも身体と精神の複合体のある部分では、受動的な感情に決して苦しむことはないのではなく、これらの情念がその人の行動を決して方向づけないからというのを忘れてはいけない。自由な人もたまには飢え、渇き、そして痛みを感じることもある。いくら自由でも、絶え間なくその人がテーブルにつま先をぶつけるのを避けられるわけではない。これらのたまに起こる悲しみは小さい規模であり、一時的であり、自由な人のコナトゥス全体を減少させるものではない。そういう人の適切な観念の情動的な（意欲を引き出す）力は、いつも不適切な観念の情動的な力より強い。そのため、その人のすることはいつも合理的および能動的である。よって、その人に痛みを与えたテーブルに対してのいかなる憎しみも、もっと有力である能動的な感情――おそらく、その痛い経験は因果的に必然性があり、その状況下でその人がそれを避けられる術はなかった（確実に再発を防止する対策をとるとしても）、という合理的な洞察――のほうがそれに勝る。スピノザは、自由な人は決して憎しみを経験しないとは述べていないが、そういう人は「何よりも、憎しみのように真の認識の障害となるものを取り除く……努力をする」と述べている。自由な人は、人生から自然と生じるすべての悲哀から逃れることはできないかもしれない。そしてそれらの悲哀は、少なくとも人間ではない物品に向けられた憎しみを伴うこともたまにはある。しかし悲哀は、自由な人の世界への反応を憎しみに支配させるように強いることは、決してできない。

怒りとねたみ

ほかの人間に対して憎しみをもたないことは、自由な人の精神的な空間をかなり大幅に解放する。スピノザいわく、ほかのいくつかの基本的な罪は、単に憎しみの異なる表れにすぎない。よって、憎しみがなければ怒りも存在し得ない。復讐、憤慨、ねたみもあり得ない。確かに、さまざまなよくない感情は根底で憎しみに依存しており、これらの指数関数的に派生したさまざまなよくない感情は、それらの原因あるいは場合の変動の結果として起こる。スピノザは「喜び、悲しみ、欲望、そしてその結果として、それらから成る感情にはさまざまな種類がある……あるいは、我々が影響される対象の種類として、それら（愛、憎しみ、望み、恐怖など）に由来する感情もさまざまにある[12]」と述べている。

スピノザは怒りを、自分が憎んでいる人に害を及ぼす――悲しみを引き起こす――ための努力と定義している。そして我々が憎み、害を及ぼす努力をしている人は、すでに我々に害を及ぼしていると（正しくても誤りであっても）信じるとき、怒りは復讐になる。[13] 怒りもまた憎しみが憎しみを生む一例である。

憤慨は普通、怒りの形をしていると考えられる。憤慨のなかで、我々は残酷あるいは不公平に扱われている人を見たときに怒りを感じ、ひどい扱いをされている個人の代わりに怒る。スピノザによるこの情念定義は、何らかの理由で、その「共通する使い方」から逸れていると述べられているが、それにもかかわらず憤慨は「ほかの人に悪いことをした誰かに向けられた憎しみ[14]」であると定義されている。よって、憤慨は「必然的な悪」であり、自由な人の心理的特性の一部にはならない。

自由な人が、真に憎しみをどのように扱うかは必然的に、怒り、復讐、憤慨をどう扱うか、に当てはまる。これらの情念は、悲しみと人の力を弱くすることを意味するため、悪い[15]。そのため、自由な人は誰に対しても怒らない。それゆえに、そういう人は決して復讐を求めず、憤慨からも自由である。愛が憎しみに勝るのと同様、愛は憎しみから派生した、いかなる特定の形にも打ち勝つ。合理的で高潔な人は不正を目撃しても、憎しみ、復讐、あるいは憤慨で応えることはしない。そういう人の反応は、悪ではなくよいことをしようとする努力である。そういう人は、無害の手段を使って、両方の当事者の生き方を向上させ、彼（あるいは彼ら）を喜びで満たす状態へと動かすことで、不快感を与える行動を変えることを望む。そういう人は罰するのではなく、彼らの行動を正すことを求める。憎しみの代わりに愛があり、復讐の代わりに慈悲がある。

七つの大罪のうち、スピノザはねたみに特別な関心をもっていたようだ。それはおそらく、ねたみも復讐のように憎しみの一つの形である一方、ねたみは復讐心からくる行為よりも一般的な社会的不道徳であるからだろう。またそのため、ねたみは人と人との不和をさらに大きくし、人はそれをよいと考えるが、ほかの人によって独自に所有されているものを無駄に望むことで、互いを対立させる。

初めに、スピノザはねたみを「ほかの人が不運にあるのを喜び、幸運にあるのを悲しみたいと考える限り、憎しみである[16]」と定義している。自分が憎む誰かあるいは何かが悲しみに影響されていると考えると、我々は喜びを経験する。しかし、そのようなSchadenfreude（シャーデンフロイデ）は、ねたみそのものの性質であるよりも、ねたみの結果であるように考えられる。ねたみという情念のよりわかりやすく、より直感的な叙述は、スピノザによって次のように述べられている。

> ある人が愛しているものが、ほかの人と結びつき、その友情の絆《きずな》が自分一人でそのものを所有していたときと同じくらい強い、あるいはさらに強いと想像するとき、そのある人は愛しているものに対する憎しみに影響され、ほかの人をねたむ[17]。

スピノザいわく、愛しているものに対する憎しみが「ねたみと結合」すると、嫉妬になる。嫉妬は、ほかの人に所有されているものを、我々が愛すると同時に憎む限り、「精神の動揺」を含む。我々はそのものに嫉妬する一方で、そのものと絆を結んでいるほかの人をねたむ。よって、おそらくねたみは、我々が愛している何かを手に入れて結びついているほかの人に向けられる憎しみとして、最もわかりやすく定義することができる。いずれにしても、「ねたみとは、それ自体が憎しみあるいは悲しみである。つまり、ねたみとは人が活動したり、努力したりする力を抑える情動である[18]」。

ゆえに、憎しみに動じない自由な人はまた、嫉妬やねたみからも自由である。そういう人は、ほかの人の幸運を嬉しく感じる。たとえ、ほかの人の幸運によって最初に代償を自分が払うことになったとしても、ほかの人の生き方を向上させることは究極的に自分の利益となることを知っているため、嬉しく感じるのである。

合理的な本性をもっているため、自由な人は、自由な個人らしからぬ熱情的なやり方に動じない。ここでもまた、自然と自然のなかにいるという自分の立場――特に、自分の力の限界と、すべてのものを支配する必然性――を理解することで、ほかの人の手に渡り、愛する人やものを失うことを、自由な人は冷静さと精神の平穏さをもって受け止める。「我々は、我々の利益の原理が要求することに反することが起きても、我々のもつ力は、それ自体でそういうことを避けられるほど延長はできない。そして我々は、自分たちが従う秩序をもつ自然全体の一部であるという、我々の責務を負っていることに気づいていれば、穏やかに耐えられる[19]」

臆病さ

臆病さは、基本的な罪に含まれていない。しかし、勇敢さは、古代の道徳哲学者や、キリスト教の神学者の述べる代表的な四つの基本的美徳に含まれる。よって、その反対である臆病さは、基本的ではないとしても、ほかの不道徳と同じくらい重要な人格的欠陥として挙げられる。

実際に定義されている勇敢さを例示することは、特に難しいことではない。勇敢さとは、本質的に美徳であり、危機に直面した際にどうするのが適切であるかを、人が知ることを許す。一例として、アリストテレスは、勇敢さとは、恐怖と自信に関して両極端の気持ちの中間を意味する、道徳的な卓越性であると述べた。極端に過度の自信をもつことは無分別である。無分別な人は、対処法もないまま危険な状況へと向こう見ずに突進する。自信が過度に欠損しているのが、臆病さである。臆病な人は自信に欠けており、過剰に怯えている。勇敢な人は、直面して避けるべき危険に対する自分の能力を知っている[20]。そういう人は、いかなる状況でも攻撃的にはならず、かといって脅威を避けるために逃げることもしない。

　スピノザは、臆病さと勇敢さ自体について詳しく述べてはいない。しかし、『エチカ』の定理の一つに、アリストテレスのいう中間の原理に同調している内容と証明が記されているものがある。スピノザは、「自由な人の美徳は、危険を回避するとき、それを乗り越えるときと同じくらいはっきりと見える」[21]と述べている。両極端なものとして、スピノザはそれらを「やみくもな勇気」と「恐怖心」としている。自由な人は、臆病でも無謀でもない。そういう人は、恐怖に抵抗しながらも無分別を抑えることができる。そして、「危険を乗り越えようとする同じ精神の美徳によって、危険を回避する」。しかし、少々曖昧な部分がある。スピノザのいう自由な人は、危険な状況に立ち向かわず、知恵が逃げろと助言している場合でも、分別があると述べられているとも考えられる。「自由な人にとって、適時に逃げることは、戦うことと同じくらいの頑強さを見せることだと考えられる。あるいは戦いを選ぶのと同じくらいの頑強さ、あるいは精神の存在をもって逃げることを選ぶ[22]」。一方、そもそも初めから脅威となる可能性がある状況や、戦うか逃げるかを決める必要に迫られる状況に陥るのを避けるのが、自由な人の知恵であるとも考えられる。自由な人は、危険が潜んでいる状況に自分の身を置くことになる特定の一連の活動を知っているため、その道を――恐怖からではなく、理性によって――避ける。

高慢

高慢は、基本的な原罪であり、ねたみと同様、スピノザが特に関心をもっているものである。より基本的な自尊心と同様に、その反対でもある落胆も、「とらわれている」個人と自由な人両方の状況について言及すべき大半のことを示している。「高慢は、すべての罪の始まりである」と述べたトマス・アクィナス同様、スピノザも、ほかの不道徳に関係する高慢に、何か基本的なものがあると信じていた。[23]

誰かが、ほかの人の気質、功績あるいは達成を自慢する――両親が自分の子どもを自慢するように――のは、本質的に自己中心的な精神の状態である。何かを自慢することは、何らかの反映、自分自身との相互関係とさえ考えることもできる。自分の子どもが成し遂げたことに感心する親が、これはすべて子ども自身のみに起因すると考えることも可能である。しかし、親がその成果を自慢に思うのであれば、その子が成し遂げたことにおいて、親自身も当事者である。子どもの才能は何らかの形で親を照らし返す。

スピノザにとって、高慢（superbia）とは、単に自分自身を高く評価することではない。むしろ、必要以上に自分自身を高く評価しすぎることである。スピノザは、喜びとしての高慢は「人が自分自身およびその人が愛するものを正当である以上に評価する」[24]ときに生じる、と定義している。このように、自分自身の真の力および価値の認識の基本的な欠如を示している限り、それはその人の無知に根差している喜びである。スピノザは、このような自己の過大評価について、次のように述べている。

その人は、想像のなかだけでしか達成できないすべてのことをできるという夢を、目を開けたまま見ているのだから、ある種の錯乱状態である。そして、そのためにその人は、その人が（そういった功績の）存在を除外し、その人の活動の力を定めるものを想像できない限りは、その想像が現実であり自分は勝利していると考えている。[25]

この自己への過大評価の多くは、自分はほかの人からこう思われているという意見の思い込みから生じている。自分に対する評価の思い込みが、自己意識を大きくし、正当である評価を越してしまうことはよくある。そのため、高慢によって、人は正しくても誤っていても、周りの人から高く評価されていると思い込んでしまうようになる。この理由から、「高慢な人は、とりまき連中や、おべっかを使う人たちのなかにいるのが好きである[26]」。

高慢に相反するのは、自分自身を正当であるよりも低く考えることだろう。しかし、スピノザはそんなものは実在しないと述べている。「自分は、これやあれをすることはできないとその人が想像する限りにおいては、誰も自分自身を正当であるよりも低く考えていることにはならない[27]」。この理由としては、もし誰かが自分には何かをすることができないと想像したとすれば、その人の力を弱める悲しみとして、その精神の想像した状態は、概して実際には自分の思い描いたことを実現するのを、自分で回避させるほど強いからである。そのような思考は、自分自身を弱くするのである。しかし、人がほかの人より見下されていると考えていたり、自分に将来何ができるかが不確かであったり、実際にはそれをする能力があっても恥の恐怖に圧倒されて物事に着手できなかったりする場合には、自分自身を正当であるよりも低く考えられていることを、スピノザは認めている。スピノザは、自分自身を正当であるよりも低く考えるこの状況を「落胆」と呼んでいる。

　高慢と落胆（そして他者からの評価、過大評価、嘲りのすべてに関連するもの）は、その人たち自身の無知に基づいており、「理性に反している」ため、「常に悪い」。しかし、復讐が怒りに、そして怒りが憎しみにつながっていくように、高慢と落胆はより基本的な状況に根差している。この場合、真に問題の発端となっているのは、スピノザが

Acquiescentia in se ipsoと呼んでいるものとそれに相反するものである。[28] Acquiescentia in se ipsoとは、自分自身について満足したり、充足したり、喜びを得たりする状況である。スピノザの述べるAcquiescentia in se ipsoの標準的な訳語は「自尊心」である。[29] 自尊心に相反するのは、謙虚さ、あるいは後悔の場合もある。

　自尊心と謙虚さは、高慢と落胆のように、自分自身の力に対する内省から生じる感情である。スピノザは自尊心を、人が経験する喜びであり、その人が考える自分自身のコナトゥスあるいは力、つまりその人の美徳、と定義している。「自尊心は、自分自身と自分の活動の力について考えた事実から生じる喜びである」。一方、謙虚さは「自分の力の欠如、あるいは弱さを考えた事実から生じる悲しみである[30]」。

　実際、自尊心は自己愛の一つの形である。人が自分の活動する力に目を向け、真価を認めたとき、その人は喜びを経験する。そして、その人は自分自身——その人自身の力——を喜びの原因として考えるため、その人は自分自身を愛する。

　自尊心は必ずしも悪いものではない。それは、常に高慢に行き着くわけでも、自分自身を過剰に評価するわけでもない。そういう場合もあるが、自己賛美が真であり、正確な場合もある。それがどちらに転ぶかは、すべて自尊心の発信源と正当性による。それは想像（「第1種の認識」）や、ほかの人からこう思われているという思い込み、あるいは理性に基づいているかもしれない。

最も一般的な形の自尊心は、人が通常あるいは「無作為」にする経験を通して、ほかの人やものによって力の増大が引き起こされることを含み、自分自身の力だけを経験したときに生じる。増大した力が、少なくとも部分的に外部の力に起因するとしても、その力自体は個人独自のものであり、そしてその人は自分が感じている喜びの「内なる」原因が自分自身にあるとも考えられる。「精神は、それ自体とその活動する力を考えたとき、嬉しく感じる。そしてそれ自体とその活動する力をより明瞭に想像したとき、より嬉しく感じる[31]」。そう理解すると、自尊心は人気の自己啓発系のグルが唱える「自分自身を肯定しなさい」という激励とはかなり異なっていることがわかる。

自尊心とは、ほかの人の意見によって発展し、強められていくため、比較的自分の努力を要さないと考えられる。人は、自分がした何かによって、自分がほかの人の喜びの原因となったことを想像する、とスピノザは考えた。その人は必然的に、それに伴って共感する喜びを経験し、自分自身のなかにある喜びの原因は自分自身であると考える。[32]よって、その人は自分自身を愛する。また、ほかの人が経験した喜びの原因としてその人を認識し、感謝されていると、その人が思ったとしたら、その人の自己愛は、ほかの人から向けられていると思っている高い評価によって強化される。

この喜びは、その人が、ほかの人から称賛されているとさらに想像することで、より励まされる。自分がほかの人から称賛されているとさらに想像することで、ほかの人に影響を与える自分自身を想像する喜びは大きくなり、その喜びは自分自身の観念を伴う。そして、自分自身の観念を伴った、その大きな喜びに自分自身も影響される。[33]

ほかの人が自分をどう思っているかを、真に知っている人はいないため、ほかの人の高い評価を受けていると考えるその人の思い込みは、常に推論である。ほかの人が、自分の活動のなかに感じていると思っている喜びは「想像でしかなく」、単なる意見にすぎない。よってその人は、いかなる真の正当性もなく自分自身がほかの人を喜ばせていると考える。そこには本当に、ほかの人から高く評価されている可能性もあるが、そうではない可能性もある。よって結果的に「高く評価されているという喜び」は、極めて不安定な基盤のうえに置かれている。実際に、ほかの人から高く評価されているとしても、それは一時的で予測不可能なものである。そのため、そこから生じた自尊心は不安定であり、面倒な現象でさえもある。

> 空虚であるといわれる高い評価への愛は、多くの人の意見によってのみ励まされる。それが止まるとき、自尊心も止まる……そのため多くの人に高く評価されていると歓喜する人は、日頃から心配し、自分の評判を保とうと努力し、犠牲を払い、悪だくみをする。多くの人の意見は変わりやすく気まぐれであるため、その人の評判は守られない限り、すぐに失われる。

ほかの人からの高い評価に基づいた自尊心は、個人にとっても社会の仕組みにとっても、よくない名誉や評判をめぐった醜い競争を引き起こす。

誰もが多くの人からの称賛を確保したいと望むため、ほかの人の評判を進んで下げようとする。この争いが終わったときに最も高い位置にいるほうがよいと考えられるため、できる限り相手を打ち負かそうとして非常に大きな熱情を引き起こす。最終的な勝者は自分自身の利益よりも、相手に害を与えたことをより歓喜する。

自尊心は、想像あるいは、ほかの人の意見から生じるものであり、スピノザは「真に空虚である。なぜならそれは無だからである[34]」と結論づけている。

自尊心に相反する――謙虚さ――は、落胆のように「非常に希少である[35]」。人間は、自分の弱さ、あるいは能力不足、あるいは自分を悲しく卑下することに、あまり悩み慣れていない。反対に、スピノザは「人間自体にあると考えられる人間の本性は、（これ）に抗おうとする」と主張している。我々は自分の力の欠如によってではなく、力に動かされる。そのため、我々が重要視するのは悲しみではなく、喜びである。

自尊心に相反するもう一つは、後悔である。謙虚さと同様、後悔は自分自身の弱さ、あるいは力の欠如についての内省を含む。後悔が謙虚さと違うのは、力の欠如と、意志の自由から行っていると自分で思っている活動が結びついていることである。スピノザは後悔を「精神の自由な決定から行ったと自分で信じている、ある行為の観念を伴った悲しみ[36]」と定義している。我々は、自分がしたことによって、悲しみをもたらしたのを悔やむ（あるいは関係する概念を使う、罪悪感をもつ）。そして、それをするべきではなかったと考える。意志の自由は空想であり、不確定の決定などではないから、高慢や落胆と同様、後悔も無知に基づいている。スピノザは「後悔は美徳ではない。あるいは、理性から生じるものではない。それどころか、自分の行ったことを悔やむ人は2倍哀れであり、あるいは力が欠如している[37]」と主張している。

謙虚さと後悔は美徳ではないが、社会的および政治的には役に立つ可能性があると、スピノザは認めている。「理性の指示に従って生きる人は稀であるため、謙虚さと後悔という二つの感情と、それに加えて望みと恐怖は、不利益よりも、より利益を与える[38]」

理性よりも情念によって、より人が導かれている世界で、謙虚さと後悔——高慢と横柄さに相反する——は、「公平に自尊し、何も恥じず、何も恐れない」人である「意志の弱い人」が、高慢で罪深く、あるいは犯罪である行動に手を染めたり、関与したりするのを防ぐ重要な役割をする。謙虚さは、悲しみの形をしているにもかかわらず、少なくともある種の情念に根差した社会的調和と共通性に寄与して、真の善、認識、理解を求めることができるようにする。自分たちを高く評価しすぎている人がいるより、低く評価している個人のいる社会のほうがよりよいはずである。[39]

自由な人は高慢ではない。しかし、少なくともスピノザのいう不当に自身を低く評価するという意味では、謙虚でもない。「謙虚さは美徳ではない。あるいは、理性から生じるものではない[40]」。自由な人は、落胆や後悔に屈しない。それは主に、自由な人はそのような「哀れさ」を引き起こす無知および空想に苦しまないからである。そういう人は自尊心をもっているが、想像あるいはほかの人の意見に基づいた種類の自尊心ではない。自由な人の自尊心は、内側からのみ生じ、自分自身の力を内省して認めること――特に、自分の理解する力とそれがもたらす喜び――からくるため、合理的である。スピノザはこれを「我々が望むことができる最高のもの[41]」と呼んでいる。

自分自身の本性と、内なる資力から、能動的な行いによって生じることもある情念として、発生した多くの感情――たとえば、喜び――と同様に、自尊心も平凡な経験が発信源であり、ほかの人が考える自分を、自分であると信じることもできる。あるいは、自分自身についての真で適切な認識から生じることもある。「自尊心は理性から生じることもある。そして理性から生じる自尊心のみが最高のものとしてあり得る[42]」。この高い自尊心の多様性は、人が自分の活動をし、理解する力をしっかりと明瞭に内省したときに、その人が経験する喜びに存する。理性を通して、その人は真である自分自身の美徳を認めるようになる。「自尊心は、自分自身と、自分の活動する力を考える事実から生じる喜びである。しかし、人の真の活動する力、および美徳は、その人がしっかりと明瞭に考えている理性それ自体である。よって、自尊心とは理性から生じる[43]」

合理的で高潔な個人は、自分は何であるか、そして自分に何ができるかを適切に知らずにはいられない。自由な人は、常に自分自身の力を、真に正確に評価する。そういう人は自分の力を認めるが、正当である以上には（以下にも）認めない。そして、自分を内省することで、自分自身の本性を通して、自分の理性の力を通して、自分がいかに有力であるかが正しく明らかになり、喜ばしい気づきとなる。よって、そういう人はこの喜びの原因である自分自身を愛する。しかし、これは純粋に合理的な自己愛である。いかなる外部の意見から発信したり、あるいはそれによって強められたりはしない。

　この理由により、ほかの人にこう思われているという思い込みから生じる自尊心とは違い、合理的な自尊心の喜びは、心配と不安定性から自由である。そして、多くの人の変わりやすい評判に動じない。確かに、自由な人はほかの大多数の人にどう思われているかをほとんど気にしない。「無知な人々とともに生きている自由な人は、できるだけ彼らの親切を避けようと努力する[44]」。そういう人の自尊心は安定していて、予想可能な何か、つまり自分自身の美徳と力の認識のうえにある。

　よって、動揺、面倒、競争とは程遠い自由な人の自尊心は、安定して、心地よく、落ち着いた精神の状態である。[45] 自由な人の「至福」について『エチカ』第5部の終盤にかけて考察しているなかで、スピノザがさまざまな意味をもつacquiescentia（休息する、あるいは休止）を使って、わずかに言葉を変えているのはこのためだろう。これまで自尊心を表す言葉としてacquiescentia in se ipsoが使われていたが、ここへ来て満足あるいは精神の平穏さと訳すことができるacquiescentia animiという言葉を使っている。[46] 自由な人はその冷静さのなかで、自分自身に落ち着いた快楽を得る。そして、そういう人の合理的な自尊心は、幸せに不可欠な部分である。

しかし、これでこの問題は終わりではない。理性の指示に従ってただ生きるよりもさらに上をいく自由な人は、実際に第3種の認識――神の本質からものの本質はどう生じるかという直観の確実性を通して見極めること――を得ており、実際に自分自身の力はさらに高い発信源、つまり神（あるいは自然）そのものから生じていることを理解する。その人自身の認識およびその人の力の認識は、必然的に自分は一つの真の実体の様態であり、その人の力は、自然の無限の力のなかの有限な一部分にすぎないという認識を含む。「我々の精神はそれ自体、そして身体が永遠の種類の下にあるのを知る限り、それは必然的に神の認識をもち、そして神のうちにあり、神を通して考えられることを知る」[47]。第3種の認識を通して自分自身を知っており、その結果として自分自身を高く評価する自由な人はまた、自分自身の力と喜びの永遠の原因として神を愛する。

　スピノザはこの点を明確にはしていないが、これが示唆しているのは、自由な人の合理的な自尊心は、自分が神に依存しているとの認知を含む範囲で、精神の最高の充足感のみならず、やや逆説的とはいえ、ある種の謙虚さ――自分を低く評価する意味ではなく、全体として無限のなかで、従属ではあるが自分のいる適切な立場を、喜びをもって認知すること――を伴う、ということである[48]。

　スピノザにも大きな影響を与えた12世紀のユダヤ哲学が生んだ不朽の名作『*The Guide of the Perplexed*（迷える者への手引き）』のなかで、マイモニデスは自分の知性を完全なものにして、そのために美徳を最高の状態にすることができた人は、運を浮き沈みから「守る」術をもっている、と描写している。「彼の神は彼のうちにあり、彼に襲いかかる悪はまったくない」。マイモニデスいわく、この賢者は「自分の左にいる１０００の人が殺され、自分の右にいる一万の人が殺されたとしても、自分に襲いかかる悪はまったくなく、広大な戦場のなかを」[49]歩いていくことができる。

我々はこれを文字通り、鵜呑みにするべきではない。しかし、宇宙や性質についての優れた認識——マイモニデスおよびスピノザにとっても、これが美徳の存するものである——を与えられている高潔な人は確かに、ほかの人よりもうまく世界を渡っていくことができ、苦しめられる痛みや悲哀を最小限にすることができる。そういう人は、ほかの人を誘惑する幸せの障害となるものを避けることができる。かといって、この手本である人は、決して負傷したり大きな損失をしたりはしないと、マイモニデスが意味しているとは考えられない。マイモニデスが意味しているのは、そういう人は生きていくなかで起こる痛みや悲哀を乗り越えるということである。そういう人は、自分のもっている真の永久的なよいもの、つまり神の認識に比べれば、そのようなものはちっぽけなものと考える。

同様に、スピノザのいう自由な人も、完璧に感情に動かされない生き方はしない——できない——。そういう人も、喜びだけではなく悲しみも含む、通常の人間の存在を特徴づける多くの感情を経験する。しかし、そういう人がほかの人と違うのは、決して悲しみに負けないということである。より自由ではない人は、たまに痛みや悲しみに対して、憎しみ、怒り、ねたみ、復讐で応え、そして高慢になったり、（稀に）落胆に苦しむ。しかし、合理的で高潔な人は、冷静さと精神の平穏さを保つ。そういう人の幸せは、感情のない人生にあるのではなく、むしろ、ほかのものではなく、その人が自分の気持ちと行動をコントロールする人生にある。そういう人は喜びをもって自分の人生について考え、自分——ほかの人が自分を称賛し、敬服するからではなく、デルフォイの神託が我々すべてに命じているように、自分を知っているため——自分に満足する。

第6章
堅忍

オウィディウスの『転身物語』（邦訳：1966年、人文書院）の数ある物語のうちの一つは、イアソンとメデイアの悲劇である。金の羊毛を求めるアルゴナウタイに向けて、父であるアイエテス王が出した厳しい条件を聞いた若い女は、即座に恋に落ちた男が直面している危険を恐れる。メデイアは、何としてでも助けたいイアソンへの想いと、父親への忠誠心の間で揺れ動く。「情念に負けた非力な理性」をもって、メデイアは最後に義務よりも愛を選ぶ。

> わたしは、未知の新しい力に引きずられている。欲望と理性が違う方向に引っ張られていく。わたしはよいほうの道を知っており、それを認める。しかし、わたしは悪いほうを選ぶ。[1]

メデイアの内なる葛藤はよく、古代ギリシャの哲学者がアクラシア[*1]――「力の欠如」を意味する――と呼ぶ道徳上のジレンマの象徴として用いられる。現代の思想家は、この葛藤を「意志薄弱」あるいは「自制不能」と呼んでいる。アクラシアとは、行為者が故意に、そして自発的によい判断に反したことをする状況である。我々の本性にいるよい天使と悪い天使が対立するなかで、人はするべきことは何かをきちんと知っており、するべきであるよい行為が何かも知っている。だが、人はどういうわけかその認識通りの行為はせず、代わりにそれに反していると知っていることをする。

　意志薄弱の問題は、これに関係してはいるが異なる問題とは区別されるべきである。つまり、するべき正しいことがわかっているとしてもいないとしても、それをする気が進まない場合である。そのような場面では、人はするべき正しいことを知っている。しかし、「なぜ私がこれをしなければいけないのか」という疑問をもっている。道徳的義務に従った行為をしないことは、単に意欲の欠如から生じ得る。一方で意志薄弱の場合、前提として、その人は真に正しいことをする意欲はある――メデイアは父親への義務感に引っ張られ、父親の権力に服従したいという欲望を感じている――が、この

＊1　ギリシャ語の「クラトス」（「統制」や「力」を意味する名詞）と「ア」（否定を示す接頭語）に由来し、意志が弱くて、自制心がないこと。抑制がきかず、悪い行為だと自覚していてもそれをやめられないこと。

意欲は正反対の誘発要因に負ける。

メディアの場合、少なくともオウィディウスの描写によれば、アクラシアは情念に征服される理性の問題である。これは、哲学者がよくこの現象についてする説明と一致している。たとえば、人間の魂を異なる部分に分けて考えたプラトンによると、根底には自制不能を含む欲求があり、優れた部分である理性の指示に魂を背かせようとしている。対話篇『パイドロス』（邦訳：１９６７年、岩波書店）のなかで、プラトンは2頭の馬に引かれる馬車を比喩として用いて、魂について説明している。馬車を上へ引っ張ろうとする白い馬は理性を表す。反対方向へ引っ張ろうとする黒い暴れ馬は欲求を表しており、馬車の御者は下へ引っ張ろうとする馬に手こずる。対話のなかでソクラテスは、これは「快楽を求める先天的な欲望」と「最善を求める後天的な判断」の闘いであると説明している。そして、次のように述べている。

> 内にある導きが一致するときもあれば、不一致であるときもある。今はこちらが主導権を握り、今度はもう一方が握る。そして判断が我々を合理的に最善で

あるほうへ導き、主導権を握っているとき、それは節度と呼ばれる。しかし、欲望が我々を不合理に快楽へと導き、我々のなかで支配しているとき、支配しているものは傲慢と呼ばれる。[2]

プラトンはアクラシアを、人は何が正しいかを知っており、そうしようとするにもかかわらず、ときどきその認識に反する行為を積極的にとってしまう、実際に起こる現象であると信じていた。実生活でプラトンの哲学における師であったソクラテスは、これに対して誤ったことを故意にする人はいないと反論していたといわれている。もし人がよい行為をしなかったとしても、それは本質的な情報――おそらく、どのような種類のものがよいのかという一般的原理、もしくは、ある特定の事柄が実際によいことのうちの一つという認知のどちらか――の欠如のためである。「人が快楽と痛み――つまり善と悪――の選択を誤るとき、その間違いの原因は認識の欠如……真に快楽によって征服されるのは無知ということ、である[3]」。ソクラテスにとって、善を認識することは、善をすることを伴う。

スピノザは、オウィディウスによる全３巻の書物——１６３４年にアムステルダムで出版された——を所有しており、『エチカ』の後半を執筆する傍らに、すぐ手に取れるよう置いていた。明らかにアクラシアを主題にしている箇所は、第４部でスピノザが特に「なぜ人は真の理性よりも、意見によって動かされるのか、そしてなぜ善悪の真の認識は精神の混乱を呼び起こし、しばしばあらゆる種類の熱情に屈服するのか」について考察している部分に見られる。どうやらスピノザは、この詩人によるメデイアの苦境の分析に賛成している。スピノザはラテン語で書かれたオウィディウスによるメデイアの嘆きを表す文を引用さえもしている。「わたしはよいことを知り、それを認めながら、悪いことをする[4]」。しかし、スピノザも自制不能を、理性と情念の争いの結果として考えてはいるが、少なくともプラトンが考えているように単純にそれが成り立つとは考えてはいなかった。

スピノザは、人間の精神は異なる能力に分けられ、一つがほかと不調和の場合もある、という考えを認めていない。つまり精神は、合理的な部分、欲する部分、意志に基づく部分に分かれてなどいない、と考えていた。よってアクラシアは、ほかの能力を支配する精神の一つの能力であるとは説明できない。思考の様態として、人間の精神は延長の様態である人間の身体と一致しているという観念は、単にほかの観念から成る観念である。精神にある観念を厳密に考察するならば、理性の適切な観念は、感覚や想像の不適切な観念と違いはない。すべての観念は「目的」あるいは、ある種の断定的な力を含む表現的な内容をもつ。私の観念では、ユニコーンはおでこから角が生えている白い馬を意味し、認めている。観念とは、ものに対してあり、観念はそれらに関して主張をする。感覚や想像の観念はしばしば誤りであり、常に未完成で「ばらばら」であるが、理性の観念は真である。だが、我々の観念のなかに起こるいかなる実際の不一致も、それらの真偽の度合いではなく、むしろ努力する力のなかに起こる。前述したように、精神のコナトゥスの変容であるすべての観念は、感情的な要素をもっており、「感情は、その感情に相反したもっと強い感情以外では、抑えることも取り除くこともできない[5]」。自然それ自体のように、精神も優勢になる努力をする事柄が争っている領域である。精神におけるそれらの事柄とは観念であり、その虚偽に関係なく、感情的により有力な観念が勝つ。スピノザは、真の観念が偽の観念を打ち破ったとしても、それが真だからではない、と主張している。「それが真であるだけでは、善悪の真の認識によって感情を抑制することはできない。しかし、それが感情であると考えられたときにのみ、抑制できる[6]」

人間の耐える努力は、適切あるいは不適切な観念によって導かれる。「精神は、はっきりとした明瞭な観念をもっていても、混乱した観念をもっていても、決められていない継続時間で、その在り方を保とうと努力し、精神はこの努力に気づいている[7]」。それでは、アクラシア、あるいは薄弱の場合には何が起きているのだろうか。外部から起因する感覚や想像の観念、つまり情念は不完全であるため、行為者は極めて頻繁に善悪の判断を誤る。その情念と、行為者自身にとって真によく、最も利益となることをするよう指示する理性の適切な観念が対立しているのだ。この精神的な小競り合いのなかで、感情的により強い観念が、その人の選択や行為を終わらせる観念となる。もし情念が合理的な観念より強ければ、その行為者は――故意に、そして自発的に――喜びの発信源であるようだが（そしてそうであるかもしれないが）、実際には、よい判断には反している行動をすることになる。アクラシアでは、確かに認識と情念の対立が起きているが、結論は認識様態的にではなく、感情的に導かれる。

スピノザは、感情がそれぞれ強さを増すさまざまなやり方について説明をしている一連の定理のなかに、なぜ不合理な情念はしばしば合理的な認識を打ち破るのかという理由を実証している。[8] それは、未来に存在する、過去に存在していた、あるいは決して存在しないかもしれないにかかわらず、現在ここにはないと想像する何かに対する感情よりも、我々は実際に現在手元にあると想像する何かに対する感情のほうが、より激しく強いからであると、スピノザは説明する。アクラシアを理解する目的では、実際に現在あるものに比べると、事実として未来に存在するものに対する感情が最重要である。「ほかのものが同等であれば、将来的なそのものへの想像は……、現在のそのものへの想像よりも弱くなる。その結果、未来のそのものへの感情は……、ほかのものが同等であれば、現在のそのものへの感情よりも、和らぐ[9]」。また、我々がまもなくここに存在すると想像する未来のそのものへの感情は、その存在が遠く、不確かである未来のそのものへの感情よりも強い。

それら自体では、こういった主張はどれも自制不能の説明にはならない。結局のところ、すべてのものが同等であるとしたら、ある既知の現在のよいものに対する合理的な感情は、想像する未来のよいものに対する不合理な感情よりも強い。そして、人は理性の示すことをする。アクラシアは、想像の概念あるいは情念が、今すぐに、あるいは少なくとも合理的なよいものよりも時間的に近い未来に快楽があるとみなしている一方で、合理的な観念がその人の遠い未来によいものを得られることを約束したときに起こる。ある学生は友達と夜遊びをして騒いでいる楽しい場面を想像しながらも、理性は長期的な利益として出かけずに勉強をすることが最善であると彼女に教えるかもしれない。社交的な快楽への時間的な近さが、想像の観念に合理的な観念よりも上回る感情の力を与えるため、この学生は友達と遊びに出かけることを選ぶ。「善悪の真の認識から生じた欲望は、この認識が未来に関係している限り、現在得ている快楽への欲望によって、極めて簡単に抑えられる、あるいは消すことができる[10]」

しかし、ここには一見よさそうな今すぐ手に入る喜びや快楽と、真のよいものである遠い喜びの対立以上のものがある。いかなる情念あるいは不適切な観念の力は、その行為者自身の力だけではなく、情念の外部にある原因の力の機能でもある。[11]そしてもし外部にある原因の集まりが強ければ、情念の力――友達と夜遊びをすることで得られる快楽という想像の概念――は、行為者の合理的な本性のみから生じた適切な認識の力よりも大きくなる。[12]その学生の適切な観念は、彼女の外部にある発信源から得た強さをもつ概念の力には敵わないため、遊びに行くことを選ぶ。「善悪の真の認識から生じた欲望は、我々を悩ませる感情から生じた多くのほかの欲望によって消される、あるいは抑えられる[13]」

よって、情念に導かれる人は、理性の導きを軽視し、二つのよいもののうちからよりよくないほうを、あるいは二つの悪いもののうちからより悪いほうを選ぶ。そういう人は、将来的に病気によって、より激しい苦しみを味わうことになるにもかかわらず、ワクチン接種によって今すぐ感じる痛みを避ける傾向にある。そういう人は何をするべきかをすべてよく知っているが、それをしない。そのような弱さは、冷静に熟考して得た理にかなった選択ではなく、観念同士の感情的な争いの結果としての倒錯した精神である。欲望の変容として、すべての観念は原動力となる。「よいもの」としての喜びの発信源となる何かを意味する観念は、それが合理的あるいは想像の観念のどちらであったとしても、必然的によいと考えられるものを求めるように我々を動かす。そしてこの原動力の強さ、欲望の力が、実際に我々がそれを求めるかどうかを決める。

そのため、ある意味では、スピノザはプラトンに賛成している。意志薄弱あるいは自制不能は、情念が理性によって妨げられたときに起こる。[14] しかしこれは、ある不合理な快楽が、合理的な本性の公平な指示に従おうとする我々を圧倒したり、阻止したりするという問題ではない。身体と対峙する精神、あるいは自制心のない欲求に対する冷静な知性という問題でもない。どちら側にも感情的な力が存在する。アクラシアに悩む個人のなかにある、何が最善かという適切に形づくられた合理的な判断は、ほかの行為をするという外部から生じた感情を乗り越えるには弱すぎる。我々の不適切な観念はただ、ときに我々の適切な観念よりももっと強いために、すべてのものを考慮しても、我々がよいと判断したものに反したことをする。

デカルトは『省察』（邦訳：２００６年、筑摩書房）を書いた数年後、人間がもつ知識の構造について自身の考察を木にたとえて次のように説明している。

> 哲学全体は木のようなものである。その根は形而上学、幹は物理学、枝は幹から派生したほかのすべての科学から三つの主な学問、すなわち医学、機械学、道徳に絞られる。[15]

『省察』のなかで、デカルトは主に知識の木の根に注目し、「我々の魂の無形の本性、および我々のなかにあるはっきりとした明瞭な概念の主たる神への属性の説明を含む認識の原理をもつ[16]」と述べている。大学の学科で使われている古いアリストテレス派およびスコラ学派の教科書に代わるものとして書いた『哲学原理』（邦訳：１９６４年、岩波書店）のなかで、デカルトは認識論および形而上学を超え、最も一般的な物理学の原理を示し、新たな機械哲学の原則に従った特定の自然現象について説明している。

デカルトが特に「道徳」に着目しながら、知識の木の枝について真剣に取り組み始めたのは、『哲学原理』の執筆からだいぶ経って、１６４９年にクリスティーナ女王の哲学の教師としてスウェーデンへ、最期の旅立ちをする直前のことである。生涯最後の作品となった『情念論』（邦訳：２００８年、岩波書店）のなかで、デカルトはさまざまな人間の感情、欲望やほかの「魂の興奮」だけではなく、幸せや福利の道についても考察している。その考察は、古くから美徳と不道徳であると考えられている多くの性格の状態にも及んでいる。具体的には、勇敢さ、寛大さ、謙虚さ（「高潔」と「高潔ではない」両方の意味で）、そしてスピノザとは異なった定義の「自己満足」についてまで考察している。

> 常に美徳を追っている人の満足にいつもあるのは、平静および良心の静けさと呼ばれる魂の素質である。しかし、人が自分でよいと思っている行為をしたときに新たに得るのは情念、すなわち喜びの一種であり、私はすべてのうちでこ

れが最も快いと信じている。なぜなら、この原因は我々のなかだけに依存するからである。[17]

美徳それ自体を、デカルトはある種の自己統制だと定義している。１６４５年、亡命してオランダに暮らし、のちにデカルトが『情念論』を献じたボヘミアのエリザベト王女に宛てた書簡のなかで、美徳は「我々が最善であると判断するすべてをもたらす安定した不変の意志」にあり、つまり「情念や欲求によって転換させられることなく理性が勧めるすべてを実行する[18]」ことにあると、デカルトは述べている。『情念論』の終盤で、デカルトはこの主題を再度取り上げ、高潔な人は「自分の意志を自由にコントロール」する義務をよく理解しており、「……最善であると判断したすべてに着手し、遂行する意志を失うことは決してない」と主張している。デカルトのもののとらえ方のなかで、美徳は理性が示すことをする、実際的な確固たる決意のなかにある。

当然、スピノザにとっては、意志の「自由なコントロール」などない。我々の意志からくる行為は、自然にあるほかのものと同様に、因果的に決められている。しかし、美徳を手にする――理性の導きに従って生き、否応なしについてくる情念やアクラシアにとらわれた生き方を避ける――鍵は、デカルトの思い描いていたことと違わず、内部の動態にある（スピノザは『情念論』――このフランス語の論説のラテン語訳版を所有していた――と、エリザベトへの書簡に精通していた）。だが、理性の判断を実行する精神の自由な決定に代わるものとして、美徳は人の合理的な観念の強さを高めることができ、ゆえにその人の観念は常に、情念よりも感情的により有力となる。

弱さに相反するのは強さである。そして、高潔な人――自由な人――が、意志の弱さに屈する人と異なるのは、情念に抵抗して、理性の指示にのみ従う内なる強さをもっていることである。スピノザはこれをfortitudo、堅忍さ、あるいは気質の強さと呼んでいる。「理解している限り、精神と関係している感情から生じるすべての活動を、私は気質の強さと関係づける[19]」

気質の強さはさらに、問題となっている理性に導かれた活動が、直接その人自身の力を維持し、増大しているか、あるいはほかの人の生き方も向上させているのかによって、頑強さと寛容さに分けられている。

頑強さ（animositas）によって、私は、理性の指示だけからくる、人が自身の在り方を保つ努力をする欲望を理解する。寛容さ（generositas）によって、私は、理性の指示だけからくる、人がほかの人を助け、その人と友情で結びつく努力をする欲望を理解する。よって、行為者の利益だけを目的としているこれらの活動を、私は頑強さと関係づけ、他者の利益を目的としている活動を、私は寛容さと関係づける。よって、中庸、真面目、危険な場面での冷静沈着さなどは頑強さの種類である。それに対して、礼儀正しさ、情け深さなどは寛容さの種類である。

寛容さ、あるいはほかの人に対する合理的に動機づけられた博愛については第8章で再考する。アクラシアの問題に関して重要なのは、人が――自分自身の利益のためだけに努力するか、あるいはほかの人の利益のために努力するのかにかかわらず――常に理性の適切な観念の導きに従って活動し、そのために自由な人の自由をもつことができる全般的な気質の強さである。理性の指示だけからくる、人が自身の在り方を保とうとする効果のある欲望と定義された堅忍さは、まさに情念に屈せず、合理的に活動しようという人の決意を支える力である。

もし美徳とは理性の指示に従って生きて活動し、そしていつも真によいことをして、それによって耐える努力の成功を手にすることならば、堅忍さとはある種の超、あるいは超絶な美徳といえる。これは人が高潔に生きることができ、情念を抑制し続けることを介した「精神の美徳」である。人が、熱情、強欲、暴飲暴食、臆病さ、野心やほかの不合理な欲求の衝動に抵抗できるのは堅忍さのためである。また、スピノザは「強い気質をもつ人は、誰も憎まず、誰にも怒らず、誰もねたまず、誰にも憤慨せず、誰も嘲らず、そしてまったく自慢をしない[20]」と述べている。要するに、堅忍さはアクラシアに対する解毒剤といえる。

このことは、完全に何か聞き覚えがあるはずである。我々は、全力を傾けて原理に従っている人を、気質の強い人と考える。深く根差した信念に反する活動をその人にさせようとする他律的な欲望に降参するよりも、その人はそれらの信念とその信念が示す規範を守る。一方、弱い気質をもった人は、それがほかの人の説得（たとえば周囲の人からの圧力）、利益を得たいという願望、あるいはほかの誘因などいずれの理由であっても、自身の基準に反したことをするように簡単に惑わされる。

なおかつ、いかなる一連の原理であってもいいというわけではない。我々は普通、その人が守ろうとしている基準が卑劣であったり、不道徳であったり、ただ単にくだらなかったりするときには、ある人を気質が強いと称賛する気にはなれない。気質の強さは、美徳であり称賛に値する。つまり、病的な服従や単なる頑固さはこれに該当しない。しかし、これは論点先取のように見えるかもしれないが——特に、適切な基準と不適切な基準とを区別する客観的な尺度がない場合——両方の行為者を我々が倫理的に差別するのは、何か直感的なものをとらえているからのように思われる。我々は、人の信用を損なわない正直さと公正な扱いを約束している人を、たとえそうすることによってその人が高価な報酬を得るとしても高く評価する。しかし、原則に基づいて忌まわしい活動に固執する人——たとえば、忠実で筋金入りのナチス——を厳しく批判する。

スピノザいわく、いかなるときにも自由および高潔な人を導く原則は理性から生じ、その原則は人間の本性にとって、そしてその人自身にとって真によいものを示す。自由な人の気質の強さは、いつもその人自身およびほかの人にとって最も利益となる正しいことを、その人にさせる。だが、スピノザの説明が独特なのは、そのような堅忍さの追加的な特徴として、劣等である快楽への衝動に対する純粋な意志の力、もしくはある種の禁欲的な抵抗のみならず、第2種および第3種の認識のより強い感情的な力を挙げていることである。堅忍さは、情念の不合理で不適切な概念よりも意欲的に強い、合理的な観念を一貫してもっている人に表れる。

よって、自由な人はアクラシアに苦しまない。そういう人はすぐ手に入る何らかの快楽を得る、あるいはすぐに経験しなくてはいけない何らかの痛みを避けるといった目的はおろか、よくないほうのためによりよいことを犠牲にするなど決してない。そういう人の優先事項は、理性の観念に基づいた欲望の感情的な強さを通してではあるが、理性のみによって決められている。スピノザは、「理性の導きのみによって、我々は二つのよいもののうち、よりよいもの、あるいは二つの悪のうちより悪くないものを選ぶ」。そして「理性の導きによって、今ある小さいほうのよいものよりも未来のより大きいよいものを、そして未来のより大きい悪よりも今あるより小さい悪を求める[21]」と述べている。理性はまた、自由な人が無害な結果を生む今ある小さいほうのよいものを選び、長期的に見ると深刻に悪い結果を生む今ある大きいよいものを避けるように方向づける――同様に、そういう人は、長期的に見ると悪い結果を生む現在のよいものよりも、長期的に見るとよい結果を生む今ある悪を選ぶことを示唆している。

このことからわかるのは、自由な人は情念の奴隷であり、そのために自制不能に陥りやすい普通の個人とは違い、しばしば今すぐに得られる自分を満足させる魅力的なことをつくって、そういう個人をよい判断に反する活動へと導く一時的な要因に対して不動である。自由な人にとって、現在、近い未来、あるいは遠い未来によいものを得る、あるいは悪いものを避けるのは、いずれにしてもすべて同じである。これはそういう人がものを、理性を通して考えており、そして理性はそれらにもともと備わった真の必然性にあり、スピノザが「永遠の相[*2]」（sub specie aeternitatis）と呼ぶものからくるすべてのものを表現するためである。自由な人は、継続的な順序にあるそれらの位置は考慮せず、本質的に神がそれらを見る視点でものを見る。

ものを偶然的ではなく、必然的であるとして見るのは、理性の本性である。そしてものの必然性を真に、すなわちそれ自体のあるがままに認知する。しかし、このものの必然性とは、まさに神の永遠の本性の必然性である。よって、……時間とは関係なく、ものをこの永遠の相の下で考えることは理性の本性である[22]。

よって、ものを理性の適切な観念を通して考える人は、遠い未来にある喜びの展望よりも、すぐ近くの現在の喜びによってより大きく動かされることはない。これは、『エチカ』の第4部の定理62とその証明に記されている教訓である。

定理：精神がものを理性の指示に従って考える限り、その観念が未来、あるいは過去のもの、あるいは現在のもののいずれに関してでも、同等に影響される。

証明：精神が理性の導きの下で考えるすべてのものを、それは同じ永遠の相の下、あるいは必然性で考え、同じ確実性で影響される。そのため、観念が未来、あるいは過去、あるいは現在のいずれのものであっても、精神はそのものを同じ必然性で考え、同じ確実性で影響される……そして、そのために精神がものを理性の指示に従って考える限り、観念が未来、あるいは過去、あるいは現在のいずれのものであっても同じように影響される。[23]

時間あるいは期間とまったく関係のない永遠の相からは、すべてのものは同等に近くて遠い――あるいはむしろ、単に時間的な近さや遠さの概念は適用されない。ものはそれらの形相の本質を通して、それらの適切な順序で、それらの真で永遠の関係のなか

＊2　真の認識のことであり、万物を神の下に認識すること。したがって、時間や期間とも関わりなく、距離的な遠さも近さもなく、すべてのものは同等に近くて遠いと説明される。

で、決められたときにたまたまどのようにその人に影響するかに関係して、感知した経験のなかで展開する乱雑な順序や、でたらめな関係性に反して認知される。

すべてのものは同等であり、自由な人は未来に起こることと、現在起こることを同じ感情をもって考える。そして、そういう人は単にそれがあるという理由だけで、未来にあるよいものを欲する以上に、現在にあるよいものを欲しない。この理由で、スピノザは簡潔に、自由な人の精神は「未来のより大きいよいもののために、必然的に現在のより小さいよいものを無視し、現在はよいものであるが、未来には悪いものの原因となり得るものを決して欲することはなかっただろう[24]」と述べている。重要なのは、いつ起きるかにかかわらず、単に何がよい、あるいは何がよりよいかである。

だが、それでも自由な人も情念の影響下にあることを考えると、不適切な観念の感情的な力にどのように抵抗できるのかという疑問が残る。永遠の相をもった理性の適切な観念は、認識様態的に有意であるかもしれない。これらの観念は常に真である。しかし、前述したように、「それが真であるだけでは、善悪の真の認識によって感情を抑制することはできない。けれども、それが感情であると考えられたときにのみ、抑制できる」。ではなぜ、理性の適切な観念は常に、自由な人のなかで欲望を力づけ、活動を起こさせ、アクラシアに負けないようにするために主導権を握るべきなのだろうか。結局のところ、精神の情念から生じる欲望は、その力のほとんどが行為者自身の力よりも大きいかもしれない外部にある原因から派生している。それでは、真に自由な人の気質はなぜ強いのだろうか。

その答えは、自由な人は情念を弱く保ち、情念の力強さに抵抗する手段をいくつも手元に準備しているからである。

前提として、いかなる人間の精神にも、もともと豊かで強い適切な観念が一式、生まれつき備わっている。これらの観念は精神が、まさにその本性によってもつものである。前述したように、精神は観念、あるいは思考の属性のなかで、延長の属性すなわち身体のある様態と相互に関係しているものである。精神の形相の本質――いわば、本質的中核――は、まさに延長の様態としての身体の形相の本質の認識、あるいは適切な観念である。その人の身体が何であるかという適切な観念は、必然的に延長あるいは身体、それ自体とは何であるかという認識と同様に、全般的に身体はどんな特性をもつか、運動と静止とは何か、身体はどう因果的に作用するかなど、この認識から生じるすべてを含む。精神のなかで適切である観念から生じるいかなる観念もまた適切であるに違いないため、これらの観念はすべて精神のなかで本来、適切であるに違いない。[25]同様に、精神は本来、思考の様態として適切である認識自体を必ずもち、必然的に思考とは何か、そしてどんな感情も考えるものに関連し得るという認識を含む。

　スピノザは本来備わったこれらの観念を「共通概念」と呼んでいる。共通概念は、常に精神にあり、その認知する習慣的な考えのもつ永久的な特徴である。共通概念は絶えず精神の最前部にあるわけではないが、経験のなかでそれらは至る所に表れるため、特に自覚のある観念になる傾向がある。これによって、共通概念はほかの観念に関係した特定の強さをもつ。人は高潔であり、理解を求めるのであれば、よりいっそう本来ある適切な観念に気づき、自分は何であるか、そして自然のなかでの自分の立場を自覚するようになる。また、身体——すべての身体に共通する特徴——について精神がもつ適切な観念は、いつも世界において我々の身体が感覚を経験することによって確かなものにされるため、それらの観念は常に強められる。[26]

これらの適切な観念は、受動的に得られた不適切な観念を適切な観念に変えたり、少なくとも不適切な観念の力を弱める役割もする。受動的な感情を「抑えたり、和らげたり」する鍵は、それらを理解することであるとスピノザは主張している。「情念である感情は、我々がそれについてはっきりとした明瞭な概念を形成すれば情念ではなくなる」。そして、「我々がはっきりとした明瞭な観念を形成できない身体の情動はない[27]」。身体のいかなる感情も何であるかを真に認識することは、現在ある外部からの原因の感覚、もしくは想像の観念からその観念を引き離し、身体それ自体は何かという観念に結びつけることである。そのため、人は身体について共通概念を通して説明される何かとして感情を認知するのであり、自分自身の身体と相互に作用しているほかの身体が原因となって、今まさに自分の身体を苦しめている何かとして認知するのではない。同様に、精神にある身体の影響の観念——身体と一致する感情——は、思考の性質、そして精神の情動および働きを支配する原理から生じると理解される。

そのため、我々が細心の注意を払わなければならないのは、（できるだけ）しっかりと明瞭にそれぞれの感情を認識することである。そうすれば、それらのものをしっかりと明瞭に認知し、それらにまったく満足する考え方の感情から、精神は決めることができる。そして感情それ自体も外部にある原因による思考から切り離され、真の思考となることができる。[28]

個人は、自分が感じている悲しみを、愛する人を失ったことと関係なく、しかし、その人自身の構成とその人の身体と精神の耐える努力に関係して考えたときに、よりよく理解することができるだろう。この理由で、高潔な人は実際に情念を取り除き、すでに精神のなかにあり、今つながっている適切な観念から借りた特定の強さをもつ理性の能動的な観念に変える。

情念を変えるのではなく、弱くするほかの手段はそれらの絶対的な必然性の理解と合意することである。これには、受動的な感情を決める本質的な原因の無限の連鎖のなかで受動的な感情を感じたり、想像したりする外部にある原因を位置づけることで、その人の相を広くすることが要求される。すべてのものを必然と見る精神は「感情に上回るより大きい力をもち、感情によって活動することは少なくなる」[29]。自分の悲しみあるいは喜びが、想像した意志の自由な活動あるいは、本来備わっている因果的な力を通して働くある人やものだけに起因すると考える代わりに、私はその人やものが、無限にあるほかの原因と自分の経験した感情の中間にすぎない、と考える。この視点は、感情の因果的な責務を広く分配し、その力をかなり弱くして、おそらくその強さをまったく取り去る役割をする。感情の強度は、一人の特定の個人に注目するのを緩め、必然的に伴う原因の長い連なりにもっと注目することで弱くなる。結局のところ、スピノザは経験自体が「人が失ったよいものを、いかなる方法でも所持しておくことはできなかったと気づくと、なくなったよいものに対する悲しみは弱くなること」を証明すると主張している。

何より、自由な人のそばには神——あるいはむしろ神あるいは自然という観念——が存在する。すべては神のなかにあり、神に起因するのだから、いかなるものの適切な観念も、観念と、神および神の属性から生じる自然の最高位の原理との真の関係を明らかにする。そのため、現在、外部のものの観念によって引き起こされている感情は、因果的および認識様態的に、無限で永遠の実体そのものの観念に固定されている。人の身体と精神の感情をしっかりと明瞭に理解すること――神の様態の様態となる、精神と身体の様態としてこれらの感情を明らかにしている理解――を通して、このような洞察に達することは特に重要である。

　こういった認識は、精神の力の著しい増大、それによる喜ばしい経験を意味する。そして、人は神の観念を認識の究極的な根拠であり、それによる喜びであると考えるため、自分の精神と身体と、それらのそれぞれの感情を深く理解することは、必然的に神の愛に寄り添われていることになる。「自分自身と自分の感情をしっかりと明瞭に理解する人は、神を愛する。そして自分自身と自分の感情をさらに理解することで、さらに神を愛することになる[30]」

　しかし、神のより高い「永遠の」愛が必然的に、まさに本性よって精神に属している「普通」を超えてさえいる、やや継続的な神への愛――人が能動的に求めなければならず、経時的にだんだんと得ていく――がある。

　思考の属性の様態として、精神とは本質的に何かという、精神自体の本来の適切な観念は、神あるいは自然との真に外的な因果関係を明らかにする。精神はその力をその無限の実体の力の有限の表れとして考える。「我々の精神は、それ自体と身体が永遠の相の下にあると認識する限り、それは必然的に神の認識をもち、自分が神のなかにあり、神を通して考えることを認識する[31]」。いいかえれば、精神はそれ自体を、前述したように「ある神の属性の形相の本質の適切な観念から、ものの（形相の）本質の適切な認識へと向けられている」、「第3種の認識」を通して考える。

持続的に――つまり、世界のほかのものとの相互作用のなかで――身体と精神に何が起きている、あるいは起きていないにかかわらず、精神はそれ自体が神にあり、神から生じているという直感的な認識をもっている。実際に、この認識が精神とは本質的に何であるか、である。精神の「最高の美徳」および「最大の完全性」として、この認識は究極の喜びともいえる。喜びは理解にあり、この理解と精神の力と完全性の原因として神が認識されるため、その人はその喜びの真の原因は神と認識することになる。ゆえに、その人は神を愛する。

第3種の認識から、必然的に神への知的愛（Amor Dei intellectualis）が生じる。我々が神を現在いると想像するのではなく、神は永遠であると理解する限り、この種の認識から、その原因としての神の観念を伴う喜び、すなわち神への愛が生じる。そして、これは私が神への知的愛と呼ぶものである。[32]

神への知的愛は、「神の本性を通して永遠の真実と考えられる限り、精神の本性から必然的に生じる[33]」愛である。身体と精神それぞれの神の本質との関係の認知を含んだ、身体と精神それ自体の永遠の本質に対する精神の直感的な認識は、精神の永遠の本質である。その結果として、神への普遍的な愛とは異なり、神への知的愛は永遠である。これは、持続する時間のなかで起こる過程として、一時的な情念や不適切な観念を適切な観念に変えることから生じる喜びに関する問題ではない。神への知的愛には、あまりよくない状態から優れた状態へという移行はない（しかし、スピノザは「我々が示したいと願うものをより簡単に説明し、よりよく理解するために」、「それが今、存在し始め、今、永遠の種類の下でものを理解し始めたかのような[34]」ふりをすると述べている）。神への知的愛に含まれる身体と精神の観念は永遠である。そして、その認識と、その結果である喜びと愛も同様である。「第3種の認識から生じる神への知的愛は、永遠である……我々は精神を今存在したかのように仮定するが、永遠に同様の完全性をもつ。そして、永遠の原因として神の観念を伴う[35]」。この認識と永遠の喜びとそれから生じる愛は、ほとんどの人にとって、持続している生涯のなかで精神を占拠する不適切な観念の襲来のために、曖昧なものである。スピノザは、我々はそれぞれ「それでもなお、それが永遠の相の下に身体の本質が含まれている限り、我々の精神は永遠であると感じる[36]」ことをしなければならないと主張している。

真の認識の喜びは、存在する最高の喜びである。そして、そこから生じる神への愛は人間の精神が経験できる最強の感情である。一度手にした普遍的な神への愛と、神への知的愛は、「存在し得る精神の最高の満足（acquiescentia mentis）」を構成する神への知的愛とともに、「すべての感情のなかで最も不変である[37]」。確かに、神への知的愛は圧倒されたり、破壊されたりし得ない。自由な人の精神に絶え間なく、「永遠」でさえもある状態で、神から生じた自分の精神自体の力と完全性を認識している自由な人の精神にある能動的な感情として、神への知的愛は、その人のもつ情念に対抗する最も強力な武器である。

この認知する働き――「正しく指示して身体の感情（の観念）につなげ」、さらに重要なのは第3種の認識を通して精神それ自体を理解することの両方を含む――のすべてを通して、極めて効果的に情念に抵抗できる、実際に理性の観念にある揺るぎない力をもつことができる。「知性の秩序に応じて順序づけられ、つなげられた感情を抑えるためには、不確かで乱雑な感情を抑える以上に大きい力を要する[38]」。その人の適切な観念の美徳による理解――「（その人の）感情の完全な認識[39]」と精神の本質をもつこと――のために、自由な人は情念の強さに対抗する感情の防火壁をもつ。そして、個人がこの理想的な状態により近づく範囲で、その人はさらに能動的で、有力で、合理的で、高潔で、自由になり、その結果としてアクラシアという弱さに影響されにくくなる[40]。

第7章

誠　実

スピノザが『エチカ』で主張している内容は、哲学史におけるほかのどの書物よりも不可解で、理解しにくいかもしれない。そして、その定義、公理、259の定理、多くの備考、系、序文、付録のうち、第4部の定理72ほど難解な言明はない。例外のない自由な人の誠実さに関するこの定理に注目した学者たちは、こぞって解説をするようになった。

その定理とは、次のとおりである。「自由な人はいつも誠実に活動し、決して騙さない」。一見したところ、これはむしろ単純でわかりやすく思える。高潔な人は概して不誠実さや、ほかの人を偽りで扱うことに反対すると、我々は考えるだろう。そういう人の気質は、その人に真実を話させ、人を迷わせようとはしない。

しかし、少し深く掘り下げて、スピノザのいう「いつも誠実に活動する」とは厳密に何を意味するのかを考え始めると、複雑さが生じる。それが正しく善であっても、自由な人は絶対に決して不誠実なことをしないのだろうか。何らかの形で騙すことに関与している、合理的で、許容できて、道徳的に守るべきでさえある状況などないのだろうか。そして、誠実に活動することは厳密に何を伴うのだろうか。単に称賛できる活動をすることと同じではないのだろうか。称賛に値する誠実な嘘などないのだろうか。

この定理は特に、スピノザのいう揺らぐことなく忍耐力と利己心を追求する自由な人の人物像と一致させるのが難しいように思える。確実に、人は合理的な利己心をもっていても、不誠実に人を騙す行為をして、自分をよりよく保とうとすることもあるはずだと考える人もいるだろう。[1] 実際に定理72は、スピノザの道徳哲学の本質的な要素と矛盾しているのだろうか。

ここまで考察してきたスピノザの哲学におけるほかの特色と同様に、理性の導きに従って生きる高潔な人は、いつもほかの人を騙すことを避け、決して嘘をつかないという概念がまさにスピノザの見方であるとしたら、この考え方の起源はほぼストア学派にある。その一人であるマルクス・アウレリウスは、賢者は決して不誠実な行いをしないと信じていた。著書『自省録』（邦訳：２００７年、岩波書店）のなかで、彼は偽善と騙す行為をしないよう助言している。そして、嘘を正当化できるものから得られる利益はない、と主張している。「それが正しくないならば、それをするな。それが真ではないならそれをいうな」[2]（一方、セネカはそれが騙された人の利益と福利として実際に役立つならば、騙すことを認めている。人は誰かの苦しみ、恐怖あるいは怒りを和らげるために、真実を隠し、誤った信念を生じさせることさえしてもよい[3]）

おそらく、絶対的な義務として誠実さを主張している最も有名な（悪名高い）倫理的見解は、カントによるものである。少なくとも広く読まれているカントの見解によれば、嘘をついたり、不誠実なことをしたり——たとえば、守る気のない約束をするなど——するのは、道徳的に決して許されない。その状況のなかでそうすることによりどんな結果になろうとも、真実をいい、誠実に対応することが常に道徳的義務である。なぜなら、嘘をついたり、嘘の約束をしたりすることが普遍的な法則となり、その法則がすべての人にそうすることを指示したり、許したりするのを、合理的で道徳的な行為者は、理性的に想像することができないからである。カントいわく、そのような法則は、嘘がうまくつけたかどうかに依存しており、相互の信頼を弱めるため、明らかに不合理で、自滅的である。[4] どうやら、純真な命を救うためであっても、嘘をつくことは道徳的に許されないようだ。１７９７年に発表した『好意的動機による正しいとされる嘘について』という題名の論文のなかで、カントは殺人者が殺そうとしている誰かのことを匿《かくま》う人を例に挙げて、これを考察している。カントは、殺しのターゲットとなっている人が家のなかにいるかと殺人者に聞かれた場合でも、その人は正直に答える道徳的義務をもっていると主張している。[5]

スピノザのいう自由で高潔な人も同じように、嘘をついたり、ほかの不誠実や人を騙す行動をしたりすることを、自分も含めて絶対的にしてはいけないと考えているのだろうか。それはまさに、「人を騙す」行為とは何であるかによる。また、自然のなかにいるすべての個人を特徴づけるコナトゥスあるいは耐える努力とは、実際に何であるかにも付随する。おそらく、コナトゥスとは単に持続的に存在することや、自分の人生の期間を延ばそうとする努力ではなく、むしろ特定の本性の耐える努力——ある程度の完全性、生活の質、気質をもって存在する努力——である。そうであれば結局のところ、スピノザが主張していると大いに考えられるのは、自由な人は理性の指示下で、確実に合理的な美徳と最大限の力をもつ自分の状態を保つために、たとえそういった真実と公正さへの献身が究極的に自身の時間的な消滅を早めるとしても、完全に誠実ではないことを決してしない、ということである。[6]

「美徳」をいかに理性的に理解したとしても、高潔な人は決して不誠実なことをしないというのは、極めて信じがたい。カントの視点は直観に反しているだけではなく、誤りである。屋根裏部屋に匿っているユダヤ人の家族を捜しにナチスが家に訪ねてきたとしたら、彼らを騙すことだけが道徳的に許容される反応である。しかし、定理72を文字通りの意味で解釈すると、スピノザの美徳に関する説明や、動機についての利己的な理論と両立していないようにも考えられる。自己保持が不誠実によって最適化される状況も極めて簡単に考えつく。もし、私が嘘をついたり、誰かを騙したりすることで深刻な損害を避けたり、あるいは自分の命を救い、寿命を延ばすことさえできるとしたら、理性

（与えられた情報の認識様態的なコナトゥスの表れとして）は明らかに、適切に騙すことを指示すると考えられる。実際に、ここでの誠実さは理性に反していると考えられるだろう。しかしスピノザは、はっきりと理性は騙す行為を決して許可できないと述べている。それがたとえ自分自身の命を救うためでもだ！　定理72の証明は次のように述べている。

> もし自由な人が自由である限り、騙すことをしたとしたら、それは理性の指示によってしたのだろう（理性の指示に従っていることだけがその人を自由と呼べる理由であるから）。そして、人を騙すことは美徳なのだろう。そしてこの理由で、すべての人が自分自身を保つためには、騙すことをするよう勧められるべきである。すなわち（それ自体を通してわかるように）人は口では賛成しながら、実際には互いに相反するように勧められるべきだろう。しかし、これは不条理である。よって自由な人なども。証明終了。

スピノザが自身の定理に対して最も明らかに反論している備考は、特に教訓的である。

誰かが、もし裏切りによって自分自身にふりかかっている命の危険を回避できるとしたらどうするべきかと尋ねたとする。その場合、自分自身の存在を保つという原理は、無条件にその人に裏切りの行為をするよう勧めるのだろうか。これに対する回答も同じである。もし理性がそのように勧めるのであれば、それはすべての人に勧められるということだろう。そして理性は無条件に、人が同意し、力を合わせて、騙すことだけによって共通の権利をもつこと――すなわち、実際には共通の権利をもたないこと――を、勧めるだろう。これは不条理である[7]。

ここでのスピノザの解説は、カントと同じ視点と解釈するのが一般的である。つまり、合理的に動機づけられた騙しの不条理さについていえば、嘘を許す実用的な行動原則が、嘘を全般的に許す道徳的法則となることは決して理性的ではないと述べているカントと同じように、スピノザも反論していると考えられている[8]。理性の指示は普遍的である。その指示は、人の特殊性や熱烈な性向にかかわらず、すべての合理的な行為者に向けられ、該当する。よって、もし理性がある人に、人を騙す行為をする――この場合、自分の命を救う――ように、勧めるとしたら、それはすべての合理的な行為者に対しての普遍的な勧告であることになるだろう。しかしカントの考えを解釈すれば、そういう条件下で信頼は全面的に損なわれ、「裏切り」は可能でさえないため、これは不条理で自滅的だとなるだろう。

　しかし、これはスピノザが証明のなかでいわんとしていることではない。自由な人の見方からは、嘘をつくことや、そのほかの形で人を騙す行動は論理的な問題ではない。むしろ、それによって個人間に違いや境界が引き起こされることが問題である。もし私が誰かに嘘をついたら、自分たちの信念、姿勢、価値に反した状況に、自分たちを置くことになる。スピノザが述べるように、我々は「口では賛成しながら、実際には互いに相反する」ことになる。私は、自分自身の精神の状態とは相反する精神の状態を、ほかの人たちのなかにつくり出していることになる。そして、これは自分の耐える努力のなかで、その精神の状態を求める理性に相反することにもなり、私は自分自身とほかの人の違いを最小化しようとする。あるものは、個人と本性で同意する限り、その個人にとってよいものであるため、私は自分のようなほかの人をもっともつ必要がある。「ものが我々の本性により同意していればいるだけ、それは我々にとって有益でよいものである。反対に、ものが我々にとって有益であればあるだけ、それは我々の本性に同意している[9]」

実際、嘘をつくことは人々の間に認識様態的な違いを生むだけでなく、積極的に対立し合うよう人々を導く。私がある人に嘘をつくとしたら、私の目的は通常、その人に誤った観念を抱かせるためである。第1種の認識にある不適切でばらばらな観念は誤りであるため、その理由で私はその人のもつ不適切な観念の量を増やそうとする。なぜなら、不適切な観念はまさに情念であり、これはその人のもつ、ある特定の情念を増強することに等しいからである。そしてこれらの情念が、一人の人をほかの人と対立させると、スピノザは主張する。「人が情念である感情に苦しめられている限り、その人はほかの人と対立し得る」[10]。いいかえれば、嘘をつくことによって、情念に左右される努力は、自分自身の努力により反している人を、実質的につくり出している。我々の関係は、協力的であるよりむしろ競争的になる[11]。

当然、合理的で高潔な人はこれをすべて認識しており、そのため自分自身とほかの人の違いではなく、共通性を増やすようなことをする。そういう人は必然的に人々を引き離すような行為――嘘や、ほかの形で人を騙すこと――を避ける。一見したところ、嘘をついたり、人を騙したりしないことは確かに、全般的にその人の最も利益となる。

しかし、まだ疑問は残る。稀であっても、実際に人を騙すことで最も自分の存在を保ち、自分自身の力を増大させる場合があるとしたらどうだろうか[12]。これはあってもおかしくない話に思える。スピノザは定理72で証明しているにもかかわらず、片方には自己保持というコナトゥスの原理と動機づけとなる問題の間にある緊張、そしてもう片方には、自由な人はいつも誠実なことをし、誰も騙さないという主張をもっているようだ。

もしかすると、この定理を寛大に解釈し、実際的な重要性を抑えるやり方があれば、この問題は解決できるのかもしれない。たとえば、自由な人は悪意をもってほかの人に詐欺行為をする、ペテンにかける、不正をする、欺くことは決してしないが、ときには誠実で、善良で、好意的な終わりのためや、特に自分自身の命を保つために、故意ではあるが比較的無害な嘘、「罪のない嘘」、あるいは誤解を招く誇張をすることがあるかもしれない。

定理の詳細な文言を考察してみよう。ラテン語の「homo liber nunquam dolo malo, sed semper cum fide agit」を直訳すると、「自由な人は決して悪意のある策略ではなく、いつも信念をもって活動する」である。この一文は、「悪意のある策略（dolus malus）」と「善意のある策略（dolus bonus）」――つまり、悪意のあるトリックや騙しに対して善意のあるトリックや騙し――という動作の間には違いがあるかもしれないことを示唆している。おそらく、定理72でスピノザがいわんとしているすべては、自由な人は悪意または、その人に悲しみあるいは弱さをもたらす目的をもって、誰かを騙すことは決してしない、ということである。自由な人が人を騙すのは必ず、善良で高潔な終わりのためである。[13] いつも誠意をもって（cum fide）活動することは、必然的に嘘や騙しを除外するわけではない。もし私が嘘をつく意図がほかの人に害を与えることではなく、むしろ直接的というよりも、ほかの人の命を救ったり、改善したりすることで自分自身の命を保ったり、幸福を増大させるためであれば、おそらく理性は確かにそのような行動を許す、あるいは勧めさえするだろう。おそらくこれが、セネカが厳密に考えていたことである。

スピノザは、悪意のある策略と善意のある策略の法的な違いに気づいていた。[14] しかし、これらの概念をもって定理72を、善意のある騙しさえも許すと正当化した解釈をすることは、自分とほかの人の間に違い——そのなかでも特に、人が真であると信じていることの違い——をつくり出さないという理性の要求と矛盾しているように思える。巧妙に意図された嘘であっても、自分とほかの人が「本性で同意」して、そのため自分の耐える努力にとって「有益」になるわけではなく、反対にそのような共通性に達する妨げとなる。この定理に関するスピノザの論拠からすると、理性がこれを勧めているとは考えにくい。いかなる人を騙す行為も除外されるように思える。

また自由な人は、自分自身を保つ、あるいは自分のコナトゥスを増大する唯一の方法が、人を騙す行為に関与することだけという状況には、決して身を置かないだろうとも考えられる。人間の本性を含め、そういう人は自然への深い認識を通して、全般的に危険や命を脅かす目に遭わないよう回避できるため、稀にそれを避けられなかった場合には、理性はいつも人を騙すことを含まない解決法をその人に与えるだろう。

理性の適切な観念は、自由な人に社会的および政治的生活においてその人をとらえようとする誘惑を避けながら、荒波を越えて世を渡っていく手助けをする。そういう人は、自分自身を保つには、まず危険を避けること――敵をつくらず、暴力的あるいは危険を伴う企てに参加せず、全体的にほかの人を誠実に扱うこと――が、最善の方法であると知っている。それにもかかわらず、非常に危険な状況に陥ってしまったときには、不誠実な行為に頼らずに自分自身を救い出す方法――おそらく、理性それ自体を使ってその状況を打開し、ほかの人を「向上させて」脅威となる存在から同調者に変えること――を、知っているはずである。不誠実や人を騙す行為をしないことは、自由な人がずるさや企みをもっていないことにはならない。

しかし、自己保持をするコナトゥスの原理との明らかな矛盾を弱めながら、全面的および綿密に定理72を解釈する方法はまだあるかもしれない。その解釈には、「誠実に活動する」あるいは「人を騙す行為をする」のが何を意味するかを大まかに再解釈することも、自由な人にだけ命を脅かすものに反して自分を保つ完全に称賛に値する能力を特別に与えることも含まれない。コナトゥスや自由な人の耐える努力を、単に継続して存在しようとする持続する在り方——つまり、単に生きて呼吸する個体としての生き残り——としての試みではなく、むしろある種の生き方あるいは生きる質をもった特別な在り方への粘り強さと考えるのはどうだろうか[15]。結局のところ、コナトゥスは個人の本性の能動的な表れであり、そのためその本性の保持する努力である。自由な人の本性は、優れた美徳と合理性をもった理想的な人間の本性である。よって、自由な人のコナトゥスは、本質的に耐えるのではなく、本性のなかで耐える努力をしている。これは、高度な自由と活動をもった高潔で合理的な人として粘ろうとする試みでなければならない。

平凡な「生存主義者」という考え方を超えてコナトゥスの原理を解釈している強い主

張もある。[16]その最もわかりやすい論拠は、次のように述べられている。コナトゥスは力のための努力である。スピノザにとって、力は実在性と完全性をもって同一である。よって、コナトゥスは実在性と完全性のための努力である。しかし、スピノザは一方で実在性と完全性の間には違いがあると極めてはっきりと述べているが、その一方で単に時間上の継続する存在にすぎないとも述べている。そのため、個人の実在性と完全性を保ち、増大しようとする試みは、時間上の継続する存在の試みとは同一ではない。[17]

最後に、前述したように、私は概して完全性を実在性と理解する。すなわち、それぞれのものは存在し、影響をもたらす限り、その本質はその持続を考慮しない。ある一つのものがより長く存在したからといって、より完全であるとはいえない。[18]

このことは、特に高いレベルの完全性、力、活動をもっている自由な人において、真である。

事実、自由な人の耐える努力は、実在性と完全性の試みとして、認識と理解のための努力である。スピノザは「我々が理性に従って努力することは、理解することにほかならない。理性を使う限り、精神は理解につながるもの以外の何かを、自分にとって有益であるとは判断しない[19]」と述べている。

また、前述したように、個人にとって有益であり、その耐える努力に肯定的な寄与をする場合のみ、その何かはよい、と考えられる。そして「我々は真に理解を導くものだけを確かな善と認識し、我々の理解を妨げるものだけを悪と認識する[20]」。このことも、自由な人にとって忍耐力の意識した対象は、単に持続的な生存ではなく、むしろ知性の力と完全性、つまり「思考の力」および合理的な美徳の状態であることを示唆している（スピノザいわく「自由な人は何よりも死について考えない」と述べており、そのため自由な人はおそらく、自分の持続的な存在の最後にはまったく注目していない[21]。これについては第9章で再考する）。自由な人が耐える、そして可能であれば増大させる努力をすることは、その人自身の合理的な美徳の状態である。力の増大である精神の力の移行は、スピノザの定義のなかでは喜びのため、普通の人と同様に、自由な人も必然的に喜びのために努力するともいえる。しかし自由な人は、普通の人が喜びとは真に何であるかと考えるよりも、より情報に基づいて詳細な観念をもっている。

自由な人は、人を騙す行為は人々の本性に違いを生むため、不和を生じさせることを認識している。その人が嘘をついた相手は、その人の合理的な試みにおいて有益となるよりもむしろ、その人の行く手を阻むようになる可能性が高い。そのため、不誠実であることは長く生き残ることを許す一方で、理解する努力と完全性の巧妙な状態を悪化させる。「我々の本性と共通性のあるものは、我々にとって悪にはなり得ない。しかし、それが我々にとって悪である限り、それは我々に反する」[22]。よって、自由で、合理的に高潔な人——前述したように、すぐ手に入る小さいほうのよいもののために、未来にくる永遠によいものを犠牲にしない人——は、人を騙すことは場合によって、そして短い期間だけその人自身の持続的な存在を延ばすと考えることもできるが、そういう人は人を騙すことが将来的に外部の状況を有害にし、究極的にはその人の完全性を減少させることも知っている。そして、理性はその人の気質を弱め、生活の質を下げることでしか理性を守ることができないのであれば、より長く生きることをその人に選ばせない。いいかえれば、自由な人にとって美徳は、持続的に生存することよりも、より重要である。実際、自由な人の合理的な美徳は、人生を生きる価値のあるものにする。もし美徳を代償とすることでしか、より長く生きることができないとしたら、自由な人はその取引には応じない。[23]

そして、自由な人の例外のない誠実さを救うことができるのは――少なくともスピノザの体系のなかでは、その一貫性と、おそらくその直感的な妥当性さえも観点に入れて――コナトゥスの原理は、自由な人の努力を存在する試み以上の何かにする、と解釈することである。理性は自由な人に「裏切りによって、今自分の身にふりかかっている命の危険を回避する」ように決して勧めないというスピノザの発言は本意である。命を救うための代償――その人の合理的な美徳自体を結果的に失うこと――は、高すぎる。

スピノザは、いかなる状況下でも決して嘘や人を騙すことに関与してはいけないと述べているのだろうか。定理72は、自由な人が理性の導きの下でどのように活動するかを述べている。しかし、より自由ではなく、より高潔ではない人であれば不誠実な行為をできる、またときには、そうするべきだという可能性さえ残しているのだろうか。

これこそが、スピノザが示していることであり、実際に許容していると主張する哲学者もいる。彼らは、スピノザが嘘に対する一般的で絶対的な原理を定理しているわけではないと考えている。[24]不誠実な行為をすることは、自由な人の合理的な利己心のなかにはない——そしてその人が理性に導かれている限り、決してそういう行為をしない——が、自由な人にとっての善は、必然的にほかの人の善ではない。自由でありたいと望んでいる人、そしてその状態になるように能動的に取り組んではいるが、まだその状態には達していない人は、自由な人が決して容認しないであろう行動に関与せざるを得ない場合があるかもしれない。働かなくても裕福になりたいと望んでいる人は、賢明な助言として働かずに悠長に構えているようにとか、働かないで元気に暮らしている引退した億万長者のように暮らすことを勧められはしないだろう。それと同じように、自由には足りていない個人が、少なくとも究極の美徳の状態を得られるだけ十分に長く生きたいと望むのであれば、自由な人のように振る舞うべきではない[25]。努力しているが、まだ理想的な自由の度合いには達していない人――そして、そのためにまだ自由の便益や利益を手にしていない人――は、自分の命を救い、寿命を延ばすためであれば、あらゆる利用可能な手段を活用すべきである。たとえ人を騙したり、裏切ったりする行為を要するとしても、そうすることによってその人はいずれ望んでいたところに到達できるかもしれない。おそらく自由な人は決して人を騙す行為はしない、しかし議論を進めていくと、ほかの人は間違いなくそういう行為をせざるを得ない。

　この議論にはやむを得ない部分がある。自由には足りていない人は確かに、その人の本性や必然性によって、ときには（そしておそらくしばしば）不誠実な行為をするだろう。純粋に記述的な問題として、これは疑う余地なく真である。そのような個人はその人の持続的な存在を粘り強く継続するために嘘をついたり、人を騙したりするだろう。実際には、そういう人は自由な人が決してしないことをたくさんするだろう。そしてある意味で、もしその人がいずれは合理的で高潔な個人になりたいのであれば、そうすることはその人にとってよいことである。[26]

しかし――そのうえ、これは重要な点であるが――自分の命を救うためだとしても、もしそういう人が嘘をついたり、人を騙したりするのは、理性の指示によってではない。そして、そうであってはいけないのである。つまり、そういう人は高潔に、あるいは自由に（スピノザのいう「自由」という意味で）活動してはいない。定理72の備考部分でスピノザが述べているように、もし理性が何かを勧めるのであれば、それぞれの状況にかかわらず、すべての人に向けて普遍的に勧めていることになる。そのため、理性があることを自由な人に勧め、異なることをほかの人に勧めることはあり得ない。自由には足りていない人にとって、嘘をついたり、人を騙したりすることが、力を増大させたり、おそらく大幅に寿命を延ばしたりさえするのであれば、確かに「よいこと」であるかもしれない。また、情念に導かれている不完全に合理的な個人にとっては――再度、事実の記述的な問題として――生存するために嘘をついたり、人を騙したりすることは真である。しかし、実際に善であるものがその人を、自由な人という理想の状態に近づけるものである限り、そういう行動は真に善ではない。自由とは、理性の導きに従って生き、活動することである。現在の自分よりもほんの少し、より自由になりたいだけであるとしても、自由になりたければ、理性の導きに従って生き、活動するべきである。

理性が普遍的に規定することは、自由な人のなかにある人間の本性の完全性を保つ、あるいはまだ自由ではない人を理想的な状態に近づけることである。そして理性が普遍的に禁止することは——自由な人および、もっと自由になろうと努力している人の両方を含むすべての人に対して——不誠実や人を騙すことを含む、真の自由を手にすることをより困難にすることである。[27] 自由な人は決して人を騙さず、いつも誠実な行為をする。つまり、自由に足りていない人は、いずれ自由な人になりたいと願うのであれば、人を騙さず、いつも誠実な行為をするべきである。

第8章

博愛と友情

利己主義は長い間、悪い評判に苦しめられている。その言葉自体が、自分たちのことだけを考え、自分に利益となるように利用する以外は、ほかの人に気を配らないような人ばかりがいる退廃的で道徳心のない世界を想像させる傾向にある。おそらく、その性質はホッブズが述べているほどひどく、野蛮ではないにしろ、それよりもだいぶよいというわけでもない。

心理的なエゴイズム――基本的な事実の問題として、そして自覚しているしていないにかかわらず、常に利己心を行動で表している人間の視点――とは、かなり暗く、過度に悲観的な人間の本性の展望であるように思える。確かに、我々は利他的に動機づけられて行動することもあるという異論もある。我々は――親として、恋人として、友達として――明らかに真の自己犠牲である行為はできないのだろうか。倫理的エゴイズム――常に利己心を追求し、自分自身の利益をもたらすことをするべきであり、それは正しく、そうする道徳的義務さえもあるという視点――は、さらにひどい。一見したところ、そのような原理は、ある人が望んだものを手に入れ、自らの身勝手な目標を達成するために、ほかの人の権利や福利を無視した最悪の種類の行動を許し、必要とさえしているように思える。そういった非難されるべき行動を認める哲学は、我々がもつ普通の道徳的直感からすると、「倫理的」とは考えにくいように見える。

スピノザの視点から見た自由とよい生き方は、そのような悪事の犠牲になるのだろうか。

前述したように、スピノザは心理的利己主義者として最もよく理解されている。自然のなかにいるすべての個人が望むこと、することのすべては、その人たちが何を達成する、あるいは獲得する、または回避しようとしているとしても、根本的に自分たちのコナトゥスを保つ、および増大させる努力によって動機づけられる。我々が、いつも必然的に追い求めるために動かされる――つまり、我々が望む――のは、我々の福利を促進するように(正しくても間違っていても)見えるものだけである。そして、我々の状態を弱めるように見えるすべてのものに反対する。「我々は喜びにつながると想像できるすべてが、もっと起こるように努力する。そしてそれに反している、あるいは悲しみにつながると想像できるものを防いだり、壊したりするよう努力する[1]」。耐える努力は、最も重要である。それは「自分の保持を促すものから必然的に生じるその人の本性からくる、まさしく人の本質」を構成している。よって、スピノザは、自分の保持を促す「ことをするように人は決められている」と述べている。[2]

また、本質的に美徳を、耐えて増大する力の巧妙な追求と定義していることから、スピノザは正当な理由で、倫理的利己主義者と呼ばれているのかもしれない。[3] 高潔な人のみが何が真に善であり、何がそうではないかを決めることができる状態で、何が善であるかを追求する人が行うことは良好である。そして、すべてを考慮したうえで、真に善であるものとは、自分自身に最も利益となり、自分の耐える努力を助けるものである。「絶対的に美徳によって活動することは、自分自身の利益を求めるという基礎からきており、理性の導きに従って、我々が活動し、生き、我々の在り方を保つ（これら三つの動作は同じことを示す）ことにほかならない」[4]

ここで一つ疑問がある。スピノザの道徳哲学である混じり気も例外もない利己主義は、とはいえ我々が通常、倫理的であると考えるやり方でほかの人を扱うための標準的な見地を与えることはできないのだろうか。[5] もっと厳密にいえば、自由な人の美徳と幸福は、ほかの人の美徳と幸福を犠牲にするのだろうか。自然な想定からすると——おそらく恥知らずな倫理的利己主義者は除外して、そのほかのほとんどの人が直感で理解するのは――倫理とは、ただ利己心の追求ではなく、情け深く思いやりのあるやり方でほかの人に対して活動をすることを含むと考えられ、スピノザの『エチカ』を何がそんなに「倫理的」であるのか論理的に疑問に思うかもしれない。我々がほかの人間をどう扱うべきかについて、スピノザが言及している部分はどこにあるだろうか。

道徳哲学を、個人の福利と繁栄さえも実現することに関するものと見る起源は、前述したように、紛れもなく歴史のなかにある。古代の哲学者たちにとって、倫理についての関心は、主として彼らの考える人間にとってのよい生き方をどのように送るかであった。美徳についての彼らの論考は、人が自分自身のためにユーダイモニアを得る方法を明らかにすることを目的としていた。ユダヤ教、キリスト教、イスラム教の教えにおいて、中世の哲学者たちが目指したのは、恩恵や救済である。そのすぐあとに、特にカントによって、ほかの人に対して従順に行動することが倫理的であるという考えが強められた[6]。よって、おそらくほかの人に対して我々がもっている義務を説明し、正当化する「倫理」を、17世紀に残された書物に期待しても、まだその時代には早いのかもしれない。

しかし、古代、中世、近代の哲学者たちは、義務論的道徳哲学で理解されているような道徳的「義務」に関心をもっていなかったとしても、それを社会的あるいは、ほかの理由によって方向づけられた美徳を調べるための倫理的問題を扱う彼らの責務の一部として考えていた。プラトン、アリストテレスやほかの哲学者たちは、友情や共同体をいかなるよい生き方にも欠かせない要素であると考えていた。結局のところ、主要な美徳――堅忍さ、節度、慎重さとともに――には、正義と慈悲（信仰と望みに加えて）が神学的な美徳として含まれる。そして気質と活動は、何が行為者自身の福利に寄与するかに関してだけではなく、自分の周りにいるほかの人間に及ぼす影響からも評価される。『エチカ』という題名をつけたからには、我々がほかの人に対してどう活動するかについても言及しなければならないということを、スピノザは明らかにわかっていた。そのため、第４部の一連の定理のなかで、スピノザは理性に導かれる個人が必然的にどのようにほかの人に対して活動するかについて証明している。スピノザにとって難関なのは、純粋に利己心に動機づけられたそのような合理的な行為者が、おそらく、より頑強で利他的なひとそろいの期待をもって、ほかの人を情け深く扱う方法として我々が「倫理的」で高潔であると認めるやり方によって、どう動かされるのかを示すことである。

スピノザの利己主義――ほとんどの利己主義と同様――は、その人自身に利益をもたらすという意識的で明確な考えがなくても、人々の幸福に向けられている活動を確かに許している[7]。ある学者によると、スピノザは「利他主義の現象を否定しているとは限らない」。むしろ、スピノザは「これらの現象の因果的な発端は、常にその人自身の自己保持のための個人の試みである、一つの心理的な力のなかに存在する」という観念だけに専念している[8]。

しかし我々の関心は、スピノザのいうような自由な人、何をする必要があり、なぜそれをする必要があるかを全面的に知っている合理的で高潔な個人の生き方にある。よい生き方を追求するなかで、そういう人がほかの人の生き方によい影響を及ぼす取り組みに関与するとしたら、それは意識的で、原理に基づいた方法で行われる。

直感的に倫理的な厳しい審査をくぐり抜けたやり方で、ほかの人間を扱うことに根づいている利己主義に基づく道徳哲学には、薄っぺらで簡単な方法もある。それは、本質的に黄金律としてとらえられる。「ほかの人があなたに対してするように、ほかの人に接しなさい」ということである。つまり、利己的に動機づけられた行為者が、ほかの人に対して博愛的に活動するよう動かされるのは、お返しとしてその行為者に対して、ほかの人も博愛的に活動する可能性がより高くなるから、とも考えられる。ほかの人を親切に扱うのは、その人たちもそれに報いて、あなたを親切に扱うからである[9]。

しかし、スピノザの体系のなかに薄っぺらで簡単なものはない。これから考察するように、この黄金律は、なぜ人はほかの人をよく扱うべきか、すなわちほかの人たちはお返しとしてその人をよく扱うのはなぜかというスピノザの説明の本質的な何かをとらえてはいるようだ。しかし、『エチカ』に描写されている高潔な人は、単にその人自身の思いやりのある活動に感謝したほかの人からの反応として生じた善意を当てにしているわけではない。その黄金律が、ほかの人の快楽や感謝の気持ち、あるいはその人が扱われたことに関しての義務的な気持ちにさえ基づいて、善行が報われるようにと望むことを含んでいる限り、それは双方の情念に基づいているように考えられる。また、これはむしろ危険な賭けのように思える。特にその人たちも利己的に動機づけられているとしたら、その人たちがどう行動するかなど誰がわかるのだろう。しかし、ほかの人がどう反応するかという真で確かな認識にしっかりと基づいて、返礼を期待していたとしても、それはスピノザのいう合理的で高潔な人の説明としては足りていない。

望みではなく理性に導かれている自由な人は、社会のなかで関わりをもつ人たちの活動を単に修正するためにいるのではない。むしろ、そういう人は関わりをもつ人たちの気質を修正し、彼らたち自身を変えたいと思っている。この意味では、その人の探求はむしろソクラテスの考えに近い。プラトンの『ソクラテスの弁明・クリトン』によると、同市民を堕落させた罪に対しての弁明として、ソクラテスは堕落した市民のなかで生きたいと思う合理的な人などおらず、そのような非難は不条理であると返答している。ソクラテスは「仲間の一人の気質をだめにして、私が彼から害を受ける危険を冒すことになるかもしれないことに気づかないほど、私は絶望的に無知であるのか」[10]と述べている。ソクラテスのように、スピノザのいう高潔な人が探求しているのも、自分がともに生きていかなくてはならない人々を向上することである。実際には、そういう人はほかの人を自分のようにしたいと思っている。

ほかの人に対する高潔な行動を明確にする、もう一つの考えられるスピノザ的な方法は「第1種の認識」――乱雑な経験と想像からくる不適切な観念――にある。愛は受動的な感情――「外部の原因の観念に伴う喜び」――であるとき、人は自分の力を増大させるものを愛する。そしてスピノザは、人は自分に喜びをもたらしてくれる自分の愛する個人、それと同様に自分のことを愛していると信じている個人に利益となるよう努力することを証明している[11](また、その人は自分の憎んでいる誰か、あるいは何かを憎むほかの人の利益になるように努力をする)。しかし、ほかの人に対するそのような博愛的待遇は、(能動的な感情よりもむしろ受動的に)情念と、倫理的行動の不安定で予測不能な基礎に基づいている。情熱的な愛は盛衰する。人は、ほかの人や自分の外部にあるものに影響される変わりやすい状態に依存しすぎており、その愛から生じる思いやりのある活動もまた同じである。高潔な人は通常、情熱的な愛によって行動せず、単にほかの人がその人に対して抱いているかもしれない情熱的な愛を当てにもしない。

　哀れみからほかの人に対して博愛的に行動する人についても、同じことがいえるだろう。スピノザは哀れみを「ほかの人が負った損傷から生じる悲しみ」と定義している。さらに厳密にスピノザは「自分の愛するものが喜びあるいは悲しみに影響されていると想像する人は、その人自身も喜びあるいは悲しみに影響されている[12]」と述べている。もし私が大切に思う誰かが苦しんでいるのを目撃したら、私はその人に哀れみを感じ、主に自分自身の共感的な苦しみを軽減するために、その人の苦しみを軽減するように自分のできることをしようと動かされる。ほかの人を愛によって助けようとする人は喜び、あるいはコナトゥスの増大によって動かされる。一方、ほかの人を哀れみによって助けようとする人はコナトゥスの減少、つまり悲しみによって動かされる。ここでもまた、利他的な行動は称賛に値するように見える——スピノザは「哀れみは道徳性を示しているように見える」[13]と述べている——しかし、これは自由および合理的で高潔な人のする行動ではない。実に、スピノザは「理性の導きに従って生きる人にとって、哀れみはそれ自体が悪であり、意味のないものである」、そして「理性の指示に従って生きる人は、できる限り哀れみに触れられないように努力する」[14]と述べている。自由な人は決して悲しみ、あるいはそういった意味でのいかなる情念によっても、自分がすることを動かされない。

このことによって、美徳をもった生き方は冷たく、無慈悲な存在であるかのように聞こえるかもしれない。しかし、それはスピノザを誤解していることになる。前述したように、自由な人はさまざまな感情をもっていないわけではない。だが、重要なのは何をするかだけではなく、なぜそれをするかである。自由な人が自由であるのは、能動的な感情——能動的な愛、能動的な喜びなど——に動かされているからである。けれど、人のコナトゥスと欲望が、望みや愛や哀れみなどの情念によって方向づけられている限り、その人は美徳ではなく、屈従の状態にある。その人の活動は、その人が真によいとか正しいと知っているものによってではなく、図らずも喜びや悲しみや快楽や痛みなど、その人に影響するものによって指示される。スピノザいわく、そういう人は「力の欠如」に苦しむ。力の欠如は「その人が外部にあるものに自分を導かせるのを許し、そして外部にあるものの一般的な構造が要求することをするように外部にあるものによって決められることにある。つまり、自分自身の本性がそれ自体で考えて要求するものによって決められてはいない[15]」。

　情熱的な感情は、ほかの人を寛大および倫理的なやり方で扱う、真に高潔で合理的な人を動かすものではない。見識のある利己主義者は、単に自分自身の幸福だけではなく、ほかの人の幸福にも気を配る。そして、そういう人が気を配るのは、ほかの人への愛、返礼を受ける望み、惨めに扱われる恐怖、同じ人間としての同情、脅威、あるいは哀れみのせいではない。そういう人は受動的ではなく、能動的で、理性がそうするように命じたことを――なぜならそれは正しく、よいことであると知っているから――する。

　こういう理由で、スピノザは「我々が利益をもたらしたいと望むものへの哀れみから生じた、よいことをしようとする意志あるいは欲求」であると自ら定義した慈悲心

（benevolentia）と、「理性の導きに従った生き方のなかで我々に生じるよいことをしようとする欲望[16]」である道義心（pietas）をはっきりと区別している。自由な人は道義心によって動かされるが、慈悲心では動かされない。

スピノザは、道義心についての考察――私は、情念から生じる博愛と分けるためにこれを「能動的な博愛」と訳する――を、スピノザの形而上学的な個人と、自然にあるすべてのものを特徴づける努力に、密接に関係している定理から始めている。スピノザは「ものが我々の本性により同意していればいるだけ、それは必然的に善である[17]」と述べている。我々は、誠実さについての章で、このことと、これに関係している定理を簡潔に考察した。ここで、これらの定理が何を伴うかについて、さらに深く掘り下げる。

自分の本性に同意しているものは、必然的に自分の本性の保持を助けるため、自分にとって善である。自分の本性を共有するものは、ほかのものと同様に、それ自体の本性を保つ努力をしなければならない。そして、それ自体の本性が自分自身の本性である限り、それは必然的に自分の本性を保つ努力である。これは、次の定理の証明で述べられているようである。

ものが我々の本性に同意していればいるだけ、それは悪にはなり得ない。よって、それは善あるいは、どちらでもない。もし後者であると推測されるならば、すなわちそれが善でも悪でもないのであれば、我々の本性の保持を助けるその本性から生じるものは何もない。すなわち（仮定によって）そのものの本性自体の保持を助けるものは何もない。しかし、これは不条理である。この理由で、ものが我々の本性により同意していればいるだけ、善でなければならない。証明終了。[18]

一方、そのものの本性が自分自身の本性と異なるか、もしくは相反している範囲で、それは自分にとってどちらでもない（善でも悪でもない）、あるいは悪（自分の本性に相反していて、自分の本性に同意しているものは、必然的にその本性の保持に逆らっているため）である。推論部分には「そのものが我々の本性に同意すればするだけ、それは我々にとってより役に立ち、より善である」と付け加えられている。スピノザの論点は本質的に、本性で同意し合うものは相互に善であり、必然的に互いの繁栄に寄与することを述べている。

この議論は、多くの解説者に手荒く扱われ、そのほとんどの研究は間違った推論をしている。[19]ほかの人と私が人間として、大まかな本性を共有しているというだけでは、その本性をその人が表すためにする努力は、その本性を私が表すための作用にはならない。いずれにしても、スピノザは「我々の本性と全面的に同意しているものより優れたもの」はなく、その人自身の自己保持のために、自分の本性を共有している何かと結合すること――つまり、自分自身に極めて似たようなほかの人間――よりもよいものはない、と結論づけている。よって、合理的に活動する――美徳と理性の指示に従って活動する――人は、ほかの人の美徳と合理性を促進するように振る舞う。そうすることで、ほかの人たちの本性はその人自身の本性と近くなる。つまり、合理的に行動する人は、ほかの人のコナトゥスあるいは活動する力が増大するように（つまり美徳）、それによってほかの人たちの生き方が向上するようにほかの人を扱う。そして、合理的に行動する人は、利己的に動機づけられて、理性のみを通してそうすることは、その人自身の利益であることを認めている。

　ここまで考察してきたことはすべて、やや不明瞭である。興味深く、真であるかもしれないが、自分自身の利益はどうやら、自分に極めて似たようなほかの人がいたときに最も役に立つとわかるほどには、詳細ではない。どのようにすれば、ほかの人の気質を向上できるのかについてもう少し詳しく述べられていれば、よりわかりやすかっただろう。実際に、私自身の幸福はどのように、ほかの人の向上を助け、美徳や理性に従った生き方に近づけるよう促すのだろうか。なぜ理性に従って生きる高潔な人として、私はほかの人の力の増大する努力から利益を得るのだろうか。なぜ私は、ほかの人を自分のようにするために働きかけるのだろうか。

　これらの質問に対するある一つの答えは極めてわかりやすく、定量的であるようだ。要するに、特に何が善で何が悪であるかというような重要な問題に同意する場合、一人よりも二人のほうがよいからである。

たとえば、全面的に同じ本性をもつ二つの個体が互いに結合されているとしたら、それらはそれぞれ一つずつよりも2倍有力な一つの個体になる。そのため、人にとって人より有益なものはない。人間は、すべての個体の精神と身体を構成するすべてのものが自分に同意しているよりも、自分の存在を保持するために有益なものは望むことができない、と私は述べる。それらすべてはできるだけ、自分たちの存在を保つために一つの精神と一つの身体であるかのようにともに努力するべきであり、すべての個体に共通する利益を自分たちのために、ともに求めるべきである。[20]

スピノザのこの一節は、すべてを説明しきれてはいないが、二人の人間は同一の強さ（倍にすることで）に相当することを述べているようだ。2本のエナジードリンクを飲むことで身体に2倍のエネルギーが行きわたったり、1台の車を一人よりも二人で押すほうが強く押せたりすることと同様に考えられる。このことはスピノザが「我々の活動する力は、……我々と共通する何かをもつほかの一つのものの力によって決められ、この理由で促されたり抑えられたりする」と断言している[21]。よって、同じ本性をもつ二つのものは、同じ目標――すなわち、その本性の保持――のために努力する二つのものであり、その目標のために取り組む力は増大するため、その目標をうまく達成する可能性が高くなる。そして、ほかの人の生き方を向上させようとする取り組みを通して、自分の目標（本性を共有しているため、その目標はほかの人たちの目標でもある）の具現化に寄与する加担者をつくり出している[22]。

当然、人間は互いに同じようでない限り、互いに有益でもある。大工あるいは哲学者だけで構成される共同体は、互いに補足し合えるさまざまな才能や技能をもった人々で構成される共同体よりも効率よく機能しない。しかし、ここでスピノザが述べているさらに深い要点は、人間はより深く、より全般的な方法――気質に関して――で互いに同意していて、そのため共通する取り組みや共通するものの見方をともにもつ範囲のみで、互いに善であり有益である。誠実さの考察で述べたように、我々を分けて、互いに対立させるのは我々の共通性ではなく、違いや特性である。そして、憎しみ、怒り、ねたみなどについての考察で述べたように、我々の相互の違い——時間を経て同じ人のなかに生じる違いや変化はさておき——に、情念よりも寄与するものはない。我々の最も深刻な相違点と不一致は、ものについて認知したり感じたりする見方である。「人が情念の支配下にある限り、その人たちは本性で同意し得ない……人が情念である感情に動かされている限り、そして、同一人物もまた変わりやすく気まぐれである範囲で、人々は本性で、不賛成であることができる[23]」。我々の身体的な違いと、我々が接触する対象にある違い、その対象が我々に影響するやり方の違い——そして生涯のうちで、一人の個人が経験する違いを含む——は、世界に対する異なる認知や反応を引き起こす。人間の不和は、経験や想像からくる感覚の不適切な観念を通して、我々が通常評価するものについての基本的な事実とともに、ものに対する我々の情熱的な欲望に基づいている。すなわち、すべての人が同等に自分の有するものを共有できるわけではない。情熱的な欲望は、一人の人、あるいは数人しか手に入れられないことが多い、有限で変わりやすい物品に向けられる傾向がある。よって、彼ら（そしてその結果として、彼らの対象物）は頻繁に対立する。

ある人――ペテロ――は、パウロの悲しみの原因になり得る。なぜならペテロはパウロが憎むもののような何かをもっている、あるいはパウロも愛する何かをペテロのみが所有している、あるいはほかの原因のためである……これが生じた結果として、パウロはペテロを憎む。この理由で、その引き換えとしてペテロもパウロを憎むことも簡単に起こる。そして（第３部定理39により）彼らは互いに害を与えようと努力する、すなわち彼らは互いに相反する。しかし、悲しみの感情は常に情念である。よって、人々が情念である感情に動かされる限り、その人たちは互いに相反することが可能である。[24]

情念の奴隷となって生きるのは、対立の人生である。

反対に、理性に従って生きる高潔な人間たちは、「本性で同意している[25]」。このことは否定的にも、肯定的にも理解されるはずである。否定的な意味としては、人間として共通していることに加えて、違い——情念——をつくる要因が弱められるため、彼らは本性で同意する。

より重要となる肯定的な意味としては、理性に従って生きる個人は同じものに価値を感じ、同じ物品を求める。しかし、敵対するペテロとパウロの例とは異なり、高潔で合理的な人々が価値を感じて求める究極の善は、前述したように、ゼロサム的な競争において有限で一時的な品物ではない。むしろ、それはすべての人が平等に共有することができる永遠で、不朽の何かである。「美徳を求める人にとって最も善であるものは、すべての人に共通しており、すべての人が平等にもつことができる[26]」。ここでの善とは認識である。

我々はスピノザの論拠に補足をすることができた。合理的で高潔な行為者である私が、うまくほかの人を高潔にして、理性に導かれるようにできる限り、ほかの人はその人の本性——つまり、人間の本性——にとって真によいことのみをしようとする。しかし、この本性は私あるいはすべてのほかの人間と完全に共通している。そのため、この新しく合理的になった人が努力していることは、彼自身にとってだけではなく、私を含むすべての人間にとっても善である。「人が理性の導きに従って生きる限り、人間の本性にとってよいことのみをしなくてはならない。そしてその理由で、それぞれの人、すなわちそれぞれの人の本性で同意していることのみをしなくてはならない[27]」。何よりも、理性に導かれている人はすべての人に善である真によいこと――認識と理解――を求め、そしてそのために人間の耐える努力を助ける方法で活動する。スピノザが「理性の導きに従って生きる人よりも、人にとって有益であるものは自然のなかに何一つない」、そして「（理性の導きに従って）自分にとって最も有益であるものを求めるとき、人々は互いに最も有益となる[28]」と結論づけているのは、このためである。

よって、ほかの人をより合理的にすることが私にとって最も利益となり、そして私が合理的で高潔である限り、私はこれを認識し、これに従って活動する。さらに一般的にいえば、合理的で高潔な人はすべて、同じもののために努力する、ほかの合理的で高潔な人々に囲まれているほうがなおよいということを認識している。同じものとはつまり、人間として真によいものと、自分たちのもつ共通の本性の完全性の最大化である。よって、そういう人は、自らの活動を通して、ほかの人が合理的な美徳の状態に到達するのを助けることに着手する。つまり、そういう人はほかの人間——そしておそらく、特に有害な情念に最も影響されている人——を能動的な博愛、寛容さ、正義、慈悲をもって扱う。「理性の導きに従って生きる人は、できる限りほかの人の憎しみ、怒り、その人に向けられた蔑視に対して、愛あるいは寛容さで報いる努力をする[29]」

これは、ほかの人に対する能動的な博愛からくる合理的な美徳の利己的な基盤と、ほかの人の生き方を自分と同じように合理的で高潔な生き方に向上しようとする取り組みについての、スピノザの主な論拠の結論のように思える。しかし、自由で、合理的に高潔な私にとって、ほかの合理的で高潔な人の有用性は、その人の求めるものは全般的に人間の本性にとってよいものであり、その理由ですべての人にとってもよく、またその理由で私にとってもよいものであるという極めて全般的な事実より勝っている。ほかの人の美徳および繁栄と、私のためにほかの人の生き方の向上を促すべきである私自身の幸福との間にある追加的なつながりを、スピノザが解説している部分がある。

理性に導かれているほかの人は、私自身が耐えて向上する合理的な努力において、私にとって有益である。なぜなら嫉妬、ねたみ、憎しみ——まさに私の試みにその人を反対させようとする感情——として、そのように不和を生じさせる有害な情念とは無縁であり、全般的に人間にとってよいものをその人が促進するためである。しかし、それだけではなく、その人は私個人の努力のなかで、肯定的で直接的な助けとなる可能性もあるために有益である。これはその人が合理的である限り、その人は私がより合理的で自己決定ができるようになること、よい生き方を求める障害となる不和を生じさせる情念とはより無縁になること、私にとって最も利益となることとして、その人の生き方をより改善することを、しっかりと明瞭に考えるからである。つまり、私がその人の生き方を向上する限り、その人が私の生き方をより向上させることで、私はその人にとってより有益となると、その人は、しっかりと明瞭に知る。私にとって最も利益となることは、私の活動する力の増大を助けることが、その人にとって最も利益となるのを、その人に知ってもらうことである。よって、極めて特定されており、個人的で、肯定的な助けをその人が能動的に見返りとして私にするという目的で——しかし、善意に報いるためではなく、相互の見識のある利己心によって——その人がよい生き方をするように助けることを、私が目標にしているという意味がある。

また、合理的で高潔な個人に囲まれている人は、理性に導かれて生きるという自分自身の欲望、そしてそのため自分自身の完全性の追求を肯定的に強めることをし、合理的な人はこの強化を善であり、望ましいものであると認めていると、スピノザは考えている。感情の分析において、スピノザは「もし我々が愛する、望む、あるいは憎む何かを、誰かが愛する、望む、あるいは憎むと想像すると、我々はさらなる不変性をもって、それを愛する、望む、あるいは憎むだろう」[30]と述べている。ほかの誰かが美徳を愛し、認識を望んでいるのを見ることで、よりいっそう私も美徳と認識を愛し、望むようになる。そのため、より完全で自由な状態に到達するよう努力している私にとって、美徳を愛し、認識を望むほかの人がいることは、有益であり、私の利益となる。[31]

> 人は自分自身のために欲し、愛している善を、もしほかの人が愛しているのを見たとしても、その人は変わらずそれを愛する。そして、その人はほかの人も同じものを愛するように努力する。そして、この善はすべての人に共通であり、すべての人がもてるものであるため、（その同じ理由で）すべての人がこれを

もてるように努力する。[32]

ついには、一人の人が自分自身のように向上するのを見ること——つまり、美徳からくる真の喜びを経験（あるいは活動の力の増大）するほかの人間を見ること——は、その人に同情的な喜びを感じさせ、その人の力を同じように増大させる原因となる。「我々は、我々のようなものを想像したとしたら、我々はそれに対して何の感情ももっていないが、それがある感情に影響されているとしたら、我々は同じような感情に影響される[33]」。よって、ここでもほかに自由で高潔な人がいることは、自分自身の善である[34]。

　人が合理的に自分自身の利己心を求めるとき、その人はほかの人にとって最も有益となるというスピノザの主張はやや逆説的である。「それぞれの人が自分自身のために自分自身の利益を求めるとき、その人々は互いに最も有益となる[35]」。いいかえれば、見識のある利己主義は最大で相互の有用性を導く。スピノザは、この結論は演繹的に確かなだけではなく、「日常の経験によって確証され」誰にでも明らかである、と主張している。そして、我々は皆、「人は人の神である[36]」ことを知っていると述べている。

このことすべてが意味しているのは、自分自身にとって何が真に最も利益なのかを知っている理性に導かれる人は、ほかの人が自分と同じレベルで合理的な完全性をもつように努力するということである。合理的な人が示すほかの人に対する能動的な博愛は、単にその人たちとの相互関係から生じる思いやりのある、寛大な行動にあるわけではない。その人の高潔あるいは合理的な博愛は、単に同じ人間のもつ弱点に対する自制の受動的な態度ではない[37]。ほかの人が（正しくても間違っていても）善であると信じる何かを求め、それによってそれが何であれ彼らの目標や取り組みを成し遂げるために必要なものを彼らに与えるという、単に古典的な意味で寛大で、道徳的に中立な寛大さの種類でもない。

むしろ、高潔で合理的な人――自由な人――は、ほかの人たちも理性に導かれ、真のよいものである認識を求められるよう能動的に関わって、そのための対策をとる。そうすることで、自分自身の完全性のために努力している自由な人にとって、彼らの有用性を最大化できる。「美徳を求めている人が欲している善を、その人はほかの人のためにも望む[38]」。いいかえれば、合理的で高潔な人は、ほかの人々も合理的で高潔になるように活動する。そういう人は、理性に従う生き方を彼らが得られるのを助けるやり方で、彼らに対して振る舞う。しかし合理的で高潔になることは彼らにとって最も利益でもあるため、根本的に身勝手で、利他的な動機ではないものの、理性に導かれる人はほかの人のさらなる利益のために努力し、それが真に彼らの利益となるように活動するといえる。[39]

　これにより、スピノザの利己主義は我々が通常、倫理的な行動であると考えることを導いている。[40]ほかの人のためによいことをし、完全性を求める彼らの努力を助けたいという欲望は、理性に導かれて完全性を求める自分自身の努力から生じる。要するに、スピノザの視点から見た合理的利己主義は、ほかの人の福利への度外視をまん延させるのではなく、最高であり、最も確実なレベルでの善行につながることを意味する。スピノザは「私がこのことを説明したのは、できるならば、この原理――すべての人は自分自身の利益を求めなければならない――を、美徳や道徳規範ではなく、不道徳の基礎であると信じている人たちの注目を集めたかったからである[41]」と主張している。スピノザのいう高潔な人は、ほかの人に対して親切で思いやりのある行動をとっているだけではない。つまり、彼らに対して愛で応え、哀れみ、同情、あるいは相互の心遣いへの願望を除いた良質なやり方で彼らを扱っているだけではない。[42] スピノザは『エチカ』第2部の最後で、第4部で証明する内容について次のように予示している。「この原理が教えている限りは、社会生活に寄与し……（それぞれの人は）卑怯な慈悲心、不公平、あるいは迷信からではなく、理性の導きに従って、時間と場合が要求するように隣人を助けるべきである[43]」。ソクラテスがいうように、高潔な人は、自らの活動を通してほかの人の生き方を向上させ、ほかの人をより高潔に、より完全に、そしてそのために、より幸せにしたいと欲している。

我々がここまで考察してきた合理的な博愛というスピノザの論考は、少なくとも自由な人に実行される場合、本質的には友情についての説明も同様である。前述したように、自由な人がもつ二つの主な美徳は、animositas（頑強さ）あるいは「理性の指示だけからくる、人が自身の在り方を保つ努力をする欲望」と、generositas（寛容さ）あるいはpietas（思いやり）「理性の指示だけからくる、人がほかの人を助け、その人と友情（amicitia）で結びつく努力をする欲望」である。

おそらく最もよく知られている友情についての哲学的論考は、アリストテレスによる倫理的記述のなかにある。アリストテレスは、最も真である形の友情を、高潔な人々が互いに相手のために相手にとってよいものを願う善意と定義している。

> 友人に対して、その人のためによいものを願わなければならないといわれている。もし、あなたがよいものをそのようなやり方で願い、しかし、その人から同じような願いが返ってこないのであれば、あなたはその人に対して善意（のみ）をもっているといえる。友情は互いにやりとりする善意であるといわれている。しかしおそらく、友人は互いにやりとりする善意について自覚していることを付け加えるべきである。ある人が、まだ会ったことはないが、きちんとしていて有益な人々に対して善意をもっている。そして彼らのうちの一人がそ

の人に対して同じ善意をもっているとする。しかし、互いに対する互いの態度を自覚していないとき、我々は彼らを友達と呼べるだろうか。この理由で、（友達は）互いに善意をもち、よいものを願い、それを自覚していなければならない。[44]

高潔な人は、ほかの高潔な人の徳（areté）を認め、その人の徳はそれ自身の権利のなかで価値をもつと考えている。よって、高潔な人は自然とその人が繁栄するのを見たいと思い、その人をさらに繁栄させられることをする。これが意味するのは、高潔な人はよいことをして、その人によいことをもたらすということである。高潔な人はその人に対して思いやりのあるやり方で振る舞い、その人が実用的で知性的な美徳を得て、適切に行使できるよう援助する。そして高潔な人がそうするのは、その人のためにその人が繁栄するのを見たいという以外に理由はない。

同様に、スピノザにとっての友情も善意――その人の活動は「ほかの人の利益を目的としている――を伴い、「礼儀正しさと情け深さ[45]」のようなものを含む。そして自由な人は、寛容さを通して「ほかの人と友情でつながろうと努力し……自分自身とほかの人を理性の自由な判断によって導き、自分自身で最も優れていると知っていることのみをする[46]」。つまり、彼らにとっても最も優れており、その人自身にとっても最も優れていることを意味する。

しかし前述したように、スピノザによる人間の試みの利己主義的解説では、高潔な人であっても、友情の中心にある善意は純粋に利他的ではない。スピノザのいう合理的で高潔な人にとって、友情の根本的な動機は利己的である。ある人は、ほかの人のためによいものを願う。けれど、その人はほかの人のためにではなく、自分自身のためにそうする。だが、最も高潔で合理的で自由な人であっても、その人自身の美徳、合理性、そして自由――その人自身の活動する力を保ち、増大するため――の支えとなって援助する場合にのみ、同じような合理的で高潔な人々との交流を通して、友情を培う必要があると、スピノザは考えている。「人々にとって特に有益なことは、人々を一つにすることによって人々を最も強く結びつけ、そして絶対的に友情を強めるのに役立つことをして、つながりを形成することである[47]」。スピノザの考える友情のなかでは、高潔な個人は、ほかの人が合理的に自由で高潔な個人として繁栄するよう、ほかの人々のために、よいものを願う。しかし、その人はほかの合理的に自由で高潔な個人と関係するのは、自分自身にとって最も利益であることを知っているためにそうする。[48]

アリストテレスが、隠された目的――有用性あるいは快楽――のために友達の関係を結ぶことと、「最高の種類の」友情とを分けて考えていたことは、よく知られている。後者の友情からも確かに快楽は派生するが、快楽が目的ではない友達である「同様な美徳をもっている善良な人々」の間にだけ生じる[49]。同様に、スピノザの解説も真の友情と、ほかの欠陥のある関係性との区別を認めている。まず、同等に高潔な人々の間の純粋な友情関係は、アリストテレスのいう「完全な」あるいは「完成した」友情の例である。スピノザは「自由な人たちだけが互いに極めて有益であり、友情の最大の必要性によって互いにつながる[50]」と述べている。このような場合、それぞれが自由であり、理性に導かれている二人以上の個人は、完全性のための彼ら自身の努力にどう寄与するかを考えてそうしていることを全面的によく知りながら、互いのためによいことを願い、効果的に行う。これは、スピノザが書簡のなかに記し、sincera amicitia、つまり真の愛と認識を共有する人々の間の友情と呼んだ関係の一例である[51]。

そして、高潔な人と高潔ではない人の間の、完全ではない種類の友情もある。このように偏っている場合、高潔で合理的に動機づけられた人は、高潔ではない人が自由で高潔になるのを助ける関係に献身する。しかし、ここでも高潔な人がそうするのは自分自身のためである。博愛は相互関係であるともいえるが、またここでも相互関係ではないともいえる。もし高潔ではない関係者が確かに報いた——理性の導きではなく、主として受動的な感情（愛、望み、感謝あるいは哀れみ）から行動する——としても、その人は真のよいものとは何であるかを知らず、そのため実際に高潔である関係者の利益になってはいない、あるいはそうする努力のその人自身の利益に気づいていないかもしれない。両者は善意をもっているかもしれないが、同等に満たされてはいない、あるいは有効ではない[52]。この理想的には足りていない関係は、アリストテレスのいう快楽あるいは有用性のための友好関係のように、スピノザの考える理性により満たされる相互の善意がある「真の」友情には到底及ばない。つまり、友情としてはまったく認めがたく、どちらかといえば教育的あるいは指導者的な関係と考えられる。

高潔な人によって示される合理的な博愛を「友情」と描写するのは、少々不適切であると反対をする人もいるかもしれない。つまり、スピノザの考える種類の関係性は、友情として認めるには、範囲や共有する部分が広すぎる――おそらく政治的すぎる部分さえある――。我々は通常、人は数人しか本当の友達――密接な人間関係の極めて限られた枠内――をもてないと考える。反対に、スピノザのいう合理的で自由な人は、同じく共通するよいもの――優れた個人のためにある種の相互の援助（あるいは相互の利益）がある社会――を求める合理的で自由な人で構成された可能なだけ大きい共同体をつくり、持続し、参加しようとする。自由な人の目標は、本当は友人をつくることではなく、単純に平和で協力的で建設的な生き方を市民社会のなかにともに築いていける、本性を共有した同じような精神をもっている個人――敵というよりも仲間、inimici（敵）ではなくamici（友）――との関係をつくるためである、という人もいるかもしれない。

　スピノザは、「理性の導きに従って生きる人がほかの人と友情によってつながろうとする欲望を、私は称賛に値する（honestatem）ことと呼び、……友情の形成に反するものを私は称賛に値しない（turpe）ことと呼ぶ」と述べている。[53] 称賛に値すること（honestas）に支配されている個人が築いている関係――ここでも、敵というよりむしろ本質的に助け合っている――は、一見したところ、我々が真の友人間に見ることができる親密性をもっていないように思える。[54]

しかし、なぜスピノザのいう高潔な人が行使する合理的な博愛のある、より大きな社会的領域では、真に友情を形成することとして、それが認められないのだろうか。原則として、一人が築ける友情の数は必然的に狭く限定されなければならないのだろうか。実際の問題として、スピノザは自分の考える種類の関係の延長はその程度しかできず、すべての人と友達になることはできないと認めている。つまり、「一人の人の能力は限られており、すべての人と自分とを友情で結びつけることはできない」[55]。しかし、理性に導かれている人はできるだけ多くの人々と真の人間関係をもつ努力をすると考えられる。結局のところ、そういう人は、そうすることが自分自身にとって最も利益であることを知っている。人がそのような関係を築けない人々――おそらく適切に知的あるいは物質的な援助が不足している（たとえばスピノザのいう「貧しい人」）――に関しては、彼らの生き方を向上させることは「社会全体に降りかかる」。高潔な個人のgenerositas、つまり寛容さ（pietas、honestas）と、全体としての社会によって実行される導きや慈悲の間のそのような差異は、スピノザの考えるamicitia（友情）には確実により深く、より親密で、より個人的な何かがあることを示している。

同様に注目すべきは、『エチカ』の第4部からの論拠——高潔な人にほかの人のよい生き方をつくり、保つように命令する理性——は、スピノザが『神学・政治論』のなかで、聖書の普遍的なメッセージである道徳的な命令であると考えている部分と哲学的に対応している。哲学者ではないために、なぜ博愛の活動に関与するべきなのかを知的にわかっていない人でも、神の究極の法則、つまり「自分を愛するように汝の隣人を愛せよ」[56]という教えに「服従」するよう、古代ヘブライ聖書の預言（同様にイエスの教え）の啓発的な物語によって、動かされる。真の友情でつながれた人間関係をできるだけ多くの人と築け、という聖書のメッセージは、義務として合理的に理解することができる。そのため、理性の指示も同様に理解される可能性がある。

スピノザのいう自由な個人が示す意図的で見識がある相互の善意は、確かに友情としてみなすことができるようだ。

スピノザのいう理性の指示は、ある行動の様態を普遍的に命令している。高潔な個人——理性の導きによって生きる自由な人——は、それらの指示が何であるか、そしてそれらから必然的および一貫して何が生じるかを、ただ認めている。特に重要な理性の規定は、ほかの人に対して称賛に値する活動をし、ほかの人に対して常に正義、誠実さ、そして慈悲をもって——「自分自身が欲するよいものをほかの人のために望む」よう——振る舞うという義務である。ほかの人の生き方を向上したいという欲望が理性によって導かれているとき、我々は最も倫理的なやり方で行動する。

残念ながら、すべての人が不足のない合理的な美徳の状態に到達できるわけではない。自由な人は稀な逸材なのである。実際、ほとんどの人は生涯を通じて、人間本性の型を目指して極めて少ししか進歩しない。しかし、だからといって彼らは、ほかの人間を博愛をもって扱い、公正に慈悲深く対応し、友情を形成するという利己的な義務から解放されるわけではない。ほぼ自分が情念に支配されている人でさえ、自分自身の善のために平和的で協力的にほかの人とともに社会で生きていく必要がある。

このことは、我々の考察を愛と哀れみに戻す。これらの情念は、真の博愛の活動をする自由な人を動かすものには決してならない。結局のところ「理性の導きに従って生きる人にとって、哀れみはそれ自体が悪であり、意味のないものである」。しかし、愛、哀れみやほかの受動的な感情は、少なくとも自由には程遠い生き方をしているほかの人と共存する運命をもった人にとって、まったく価値のないものとして退けることはできない。

スピノザは、すべての人間の活動には単一の根本的な動機――利己的な耐える努力であるコナトゥス――がありながら、同一の種類の活動は、大きく異なる精神の状態に根源をもっている可能性もある、と主張している。親切で、寛大あるいは公正な行動は、能動的あるいは受動的にも行われることがある。「情念である感情から決められているすべての活動を、我々はその感情ではなく、理性で決められることができる」[57]。人はほかの人に対して、愛あるいは哀れみ、または何が自分自身にとって真によいものであるかという合理的な認識から、博愛的に活動することができる。

『神学・政治論』のなかで、スピノザは真の宗教とはいかなる儀式も、宗派の法則も、聖職者の階級ももたないと主張している。正真正銘の敬虔さである真の宗教は、「神を知り、神を愛し、汝の隣人を自分自身のように愛せよ」というシンプルな道徳的格言への服従に見ることができる。神への認識と愛および隣人への愛が意味しているのは、ほかの人間を正義と慈悲をもって扱うように命令する神の法則に従うことにほかならない。

　哲学的な理解を知らずに生きる運命である人々――理性を通して、なぜ人がほかの人の生き方を向上させるために活動するべきかを決して真に知らない人々――には、それでも効果的で、たとえそこまで「能動的」ではないにしても、敬虔で、倫理的な行動が残されている。適切な観念をもつには達していないため、そういう人たちは想像の情念と観念によって、ほかの人に対して正義と慈悲を実行するよう動機づけられるはずである。

これが実行される一つの具体的なよい例として書物が挙げられる。たとえば、聖書の啓発的な物語がこれにあたる。スピノザは、道徳的な義務は実際、ヘブライ聖書の預言とキリスト教の福音書の両方が主として普遍的に意味することである、と主張している。「疑いや不明瞭さを一切取り除き、預言そのものからそのメッセージを学ぶのは、何よりも神を愛し、自分自身のように隣人を愛するという本質にある」[58]。預言の書を通して、「神が求めている神自体についての認識は、神の正義と慈悲についての認識以外には何もない。つまり、そのような神への属性は絶対的な行動基準によって再現可能であることがわかる」[59]。モーゼ、イザヤ、エレミアやほかの預言者は、「神への認識はすべての人がもつべき義務であり……神は究極的に公正であり、究極的に慈悲深い、つまり真の生き方の完全な模範である」[60]と述べている。彼ら預言者たちが擬人化した神は、公正で慈悲深い支配者である。そして神と神に関わる人間たちについて、多くの預言者たちが書物の形にして残した物語は、想像力に訴え、見事に読み手の道徳的行動を動機づけるようにつくられている。愛、哀れみ、そして望み（それに必要に応じて恐怖心）といったこれらの情念は、ほとんどの人にとって、神の法則と、ほかの人間の利益となる活動に「服従」する本質的で、有力な推進力である。

反対に、自由な人は真の認識と神への知的な愛を授かっている。理性に従って高潔に生きているため、自由な人には、彼がすべきことをどのようにするかを教える、あるいはそれを動機づける創作の物語は必要ない。そういう人はいつも正しい理由と、正しい精神の状態で、正しいことをする。

自由な人は、ほかの人に対して公正で慈悲深く振る舞い、ほかの人が繁栄し、美徳と理性の生き方を送れるように助けることが、自分自身にとって最も利益となることを知っている。ほかの人の生き方は、自由な人にとって自分自身の生き方と同じくらい重要なのである。

第9章

自殺

西暦65年、ローマの哲学者であり政治家であったルキウス・アンナエウス・セネカは、皇帝ネロ・クラウディウス・カエサル暗殺計画に関与した。セネカが実際に共謀者であったのかは我々にはわからないが、精神的に不安定であったネロは細かい区別をつけようという気分ではなかった。ネロは復讐の鬼と化し、ほんの少しでもその陰謀に関わった疑いのある者をローマから追放した。ネロの師であり助言者でもあったセネカは、自殺を命じられた。著書『*Annals of Imperial Rome*（ローマ帝国の年代記）』のなかで、タキトゥスは、夫とともに死のうとするが、結果的に生き残った妻パウリナに付き添われているこの哲学者の最期の瞬間を描写している。

> そして、彼と妻はそれぞれナイフで自分の腕を切った。しかし、禁欲的な暮らしで痩せて年老いたセネカの身体からは血がゆっくりと流れた。そこで、彼は足首と膝の後ろにある静脈も切った。激しい痛みに朦朧《もうろう》としながら彼が恐れたのは、自分の苦しむ姿を見て平静を装う妻の忍耐力が弱っていく――あるいは苦しむ妻の姿を見て自分の冷静さを失うことであった。そこで、彼は妻にも

う一つの寝室へ行くように言った。しかし、最期の瞬間でも彼は雄弁さを失わなかった。書記を呼び集め、彼は論述を書きとらせた。[1]

タキトゥスは、セネカが友達に向けて残した最後の言葉も書き残している。「あなたのご奉仕に対して感謝を示すことを禁じられながらも、私に残された唯一で最高の、私の生き方の様式をあなたに残していきます」

20世紀のフランスの実存主義よりも前に起きた哲学的動向のどれよりも、おそらく古代ストア学派ほど、自殺についての哲学的疑問に真剣に取り組んだ哲学者たちはいないだろう。自殺は――道徳的、合理的あるいは、ほかの理由で――正当な行為だろうか。自分自身の人生を終わらせる必要があったとしても、それはどういう条件であれば理性的といえるだろうか。ストア学派の賢者あるいは賢人は、合理的で「本性に従って」いることのみをするため、この質問は賢者が自らの人生を終わらせることはあるのか、そしてそれはなぜか、と問うのに等しい。キケロは次のように述べている。

人の境遇が、本性に従った圧倒的多数のものを含んでいるとき、その人は生き残ることが適切である。その人が本性に反したものを大多数として所有したり見たりすることが見込まれるときには、人生から離れることが適切である。このことは、ときおり幸せな賢者（sapiens）であっても生きるのをやめることが適切であったり、惨めな愚か者であっても生き続けることが適切であったりするのをわかりやすくしている。[2]

この初期のストア学派の視点についての学説で最も重要な情報源である『*Lives of the Eminent Philosophers*（優れた哲学者たちの人生）』の前半を3世紀に書いたディオゲネス・ラエルティオスは、「彼ら（ストア学派）は、自国のためおよび友人のため、または耐えがたい痛み、損傷、あるいは不治の病気に苦しんでいる場合には、賢人が正当な理由で自らの命を終わらせることもある」[3]と記している。

奇妙なのは、概して極めて綿密であるディオゲネスが、考察どころかセネカについて触れてもいないことである。しかし、スピノザはセネカについて考察しており、このローマのストア学派は、『エチカ』でスピノザが自殺の合理性について考察している一部分に登場する。

ナイフを持って自らの静脈を切ったのはセネカである。しかし、本当にセネカを殺したのはネロとは考えられないだろうか。ソクラテスは自らドクニンジンの入った杯を飲んだかもしれないが、彼を死に追いやったのはアテネの市民ではないのだろうか。自殺とは——意図的で、全面的に自分自身の力を通して、その人自身の死を引き起こすこととして——実際に現実の現象なのだろうかと疑問に思う人もいるかもしれない。かつて本当に自由で、自らの死に責任のある行為者などいただろうか。人が自らの手を使って死ぬすべての場合を考慮すると、個人のコントロール——病んでいる精神状態、状況による強制——を超えて、むしろ我々は、その人がすることをその人にさせる原因となった何かに注意を向けるべきではないだろうか。厳密に自主的な行為と理解されている自殺は、真に可能なのか。

一例として、スピノザは自分自身の力の下に、自らを殺す行為をする人などいるわけがないと考えているようだ。「人は、自分自身の本性の必然性から、存在しないように努力するのは……何かが無から生じることのように不可能である」[4]。スピノザが主張するように、人は自分自身の本性、あるいは力のみから生じる何かをするときのみ——外部にある原因の力からのいかなる寄与もなく、本人が適切な原因であるとき——その人は「活動」し、自由であるとしたら、そしてその人自身の本性あるいは力は耐える努力であり、そうでしかあり得ないとき、この人が能動的で自由に自らの命を終わらせることは不可能であるようだ。

しかし、人々は自らを殺すことがある。それをスピノザもしっかり認識している。誰もがそれを認識している。人々は悲哀によって自らを殺す、そして嘆きによってそれをする。人々は、絶望、恐怖、怒り、落ち込み、そのうえ望みさえによってもそれをする。自殺という行為が、セネカやアリストテレスの場合のように、極度の強要によるもの、あるいは個人的なトラウマ、もしくは精神の病の結果だろうと、そして自らを殺す人々が別の行為をする可能性もあったかどうかにかかわらず、彼らが意図的で自発的に自らの命を終わらせたのは、紛れもない事実である。セネカに、ほかの選択肢は与えられなかったかもしれないが、彼の静脈を切り開いたのは、ほかの誰でもない自分の手である。そこで浮上する疑問は、自殺は可能であるかではなく、自殺はそもそも合理的（スピノザのいう意味で）で高潔な行為であるのか、である[5]。理性の指示――「自分自身の力」――によって活動する自由な人は、そもそも自殺を試みることがあるのだろうか。『エチカ』およびほかの書物に書かれているいくつかの内容からすると、スピノザはこの質問に対して、ノーと答えていると考えられる。つまり、理性の導きの下で自由に、自分の本性のみによって活動している個人は、自らの命を終わらせる選択はできない。自殺とは常に、悪く不合理なものであるため、自由な人――常に理性の指示によって活動し、真によいものだけを求めている――は、決してしない[6]。

しかし、さらに調べてみると、物事はそこまではっきりとはしていない。実際、自殺は個人がする合理的な選択となり得ると、スピノザが認め得る、認めるべき、そしておそらく認めさえもしていることを結論づける根拠がある。ある状況では、スピノザのいう自由な人は確かに、抵抗しがたい理由――情念ではなく認識と理解に基づいた理由――をもっているかもしれない。

（

自殺について述べている最も重要で関連のある部分は、第4部定理20に見られる。スピノザは次のように述べている。「それぞれの人が自分自身の利益を求めて、すなわちその人自身を保つ努力をし、それをできればできるだけ、その人は美徳を与えられる」。自殺についての備考はこのあとすぐに述べられている。

そのため、外部にある原因や、自分の本性に反するものに負けていない限り、自分自身の利益を求める、あるいは自分自身を保つことを放棄する人はいない。つまり、自分自身の本性の必然性によって、食べ物を避けたり、自分を殺したりする人はいない。そのようなことをする人は外部にある原因に強制されているのであり、それはさまざまなやり方で起こり得る。ある人は、誰かほかの人に右手を押さえられて（その手はたまたまナイフを持っていて）、そのナイフを心臓に突き刺すよう強いられて自分を殺すかもしれない。あるいは、暴君の命令で（セネカのように）自分の静脈を切り開くよう強いられ、すなわちその人は小さいほうの悪によって（服従することで）、より大きな悪を避けたいがために自分を殺すかもしれない。あるいは、隠れていた外部にある原因がついにはその人の想像を牛耳り、それがその人の身体に影響を与え、それまでもっていた本性に代わり、それに反する精神の観念にはなり得ない本性（第3部定理10により）が、その人の本性となり、自分を殺すかもしれない。しかし人は、自分自身の本性の必然性から、存在しないように努力する、あるいは別の形に変わろうとするのは、何かが無から生じることのように不可能である。少し考えれば、誰にでもこれがわかる。

自殺という問題は、どうやら自己保持をするコナトゥスの原理から除外されていることとにあるようだ。この備考が述べているのは、必然的に耐える、そして試みる努力をする存在にとって、それ自体の本性を通して——つまり、そのコナトゥスのみを通して——耐えることを止めるのは、実存的に不可能ということである。なぜ自殺する人がいるのかという問いに対してスピノザは、その人が本来もつ耐える努力が、外部にある原因の力によって、またはその人が適切な原因ではない何かにその源をもつ感情によって、またはその人の外部で起きた、その人の耐える力よりも強い出来事によって圧倒されるため、あるいはそれがより大きな悪を避ける唯一の方法だからである、と説明している。より強制的であり——おそらく、なぜ人々は自殺するのか、あるいは死ぬことを自ら許すのかを考えたときにより思いつきやすい——前者の場合、何かしらの情念の力（受動的な感情）が理性の力（能動的な感情）に勝っている。スピノザはほかの部分で「自殺する人は、精神が弱く、自分自身の本性に反する外部にある原因に全面的に征服されている」[7]と述べている。そのように理解されている自殺において、人のもつ能動的な耐える試みは、たとえば、愛する人を失うことや末期の病気からくる苦痛による嘆きや悲しみなどの情念には（感情的に）敵わない[8]。そういう人は打ちひしがれ、どう生き続けられるかを考えることができないため、死が唯一の選択肢のように見える。ロミオはジュリエットが死んだと思って毒を飲み、ジュリエットは死んだロミオを見て自らを刺す。物語は終了である。

この関連部分からすると、外部にある原因に「負けている(victus)」という概念および自殺においての受動的な感情の役割に注目してしまいがちであり、そのため自殺についてのスピノザの主張をかなり限られた意味で、自殺を自由で合理的な活動として理解するのは不可能である、と解釈してしまう。この解釈では、自殺は常にアクラシアの問題、つまりその感情的な強さによって理性を圧倒した情念の結果であり、よって自殺とは常に強要であり、決して自由ではない。しかし、スピノザは自殺を、自発的に自分自身の人生を終わらせること、と考えるのは可能であると認めている。長期的なよいものよりも、すぐ手の届く満足を選ぶ人が、自分のよりよい判断には反しているにもかかわらず積極的にそうするように、情念に支配されている人は積極的に自殺するかもしれない。これは、自滅的な行為を根底とした欲望や選択があるためである。しかし、このことは真に自由で合理的な行為——スピノザの意味する「能動的」ではない状態——とはならない。なぜならこの場合、欲望や選択に先行しているのは理性ではなく、情念だからである。

しかし、自由な人は決して情念には導かれず、常に理性によって導かれている。よって、そういう人はいつも本性自体の資質を通して、自分の本性が要求することをする（概して、前後関係と外部の状況に対応し、そのためそれらに限られるが、これはかなり重要な点であるため、あとで再度考察する）。自由な人のなかで、理性――「我々の本性に何も反しない」ことを要求し、常に自由な人の行動を決める――は、それゆえ決して自殺を勧めない。それどころか、自殺とは常に理性に反しているようである。あるいは、この限られた意味での解釈においては、スピノザはそう考えているだろう。自分の外部にあるものの本性ではなく、自分自身の本性に従ってうまく生きている高潔な人――つまり、コナトゥスの運動と耐える努力のなかで巧みである人――は、決して自殺しない。

この解釈は、自然なように感じられるにもかかわらず、スピノザの視点ではないかもしれない――であるはずがない――。自由な人の例外のない誠実さの場合と同様に、自己保持のコナトゥスの原理を、どう我々が理解するべきかによるからだ。自由な人は、人を騙すことで自らの命が救えるときでさえ、常に誠実に活動する。なぜなら、その人が耐える努力をしているのは、単に持続的に存在するのを続けることではなく、自分の完全な本性、自分の合理的な美徳の状態、考えたり理解したりする自分の並外れた力――要するに自分の喜び――を保つことだからである。同じように、その人自身の生活の質と気質の観点から、自由な人にとって、死ぬことが存在を続けるよりも望ましいこともあるのではないだろうか。

持続的に存在を続けるとしても、一切喜びを継続する望みがなく、惨めさと悲しみしか見えない場合を考えてみよう。自由で合理的な個人が、自分自身と世界に対しての適切な理解をもって、その人の福利と、レベルの高いコナトゥスあるいは努力の観点から、未来が伴うものについて深く情報に基づいた認知をできることは、確実に想像できる。そのような個人は優れて明瞭な展望をもって、自分の残りの人生が、合理的な完全性の粘り強さをもったまま長く続いていくのか、それどころか避けられず、終わることのない力の減少――つまり、「(精神が)より完全ではなくなっていく情念」である長く続く悲しみ――の余生を送るのかを知っているだろう。自由な人自身の合理的な本性、美徳、力、完全性を保ち、悲しみ、あるいはその完全性の低下を避けられることすべてをする試みは、その人の平凡な存在を終わらせたほうが望ましいと指示するのではないだろうか。[10]

おそらく、この個人は辛く、治らない病気に苦しんでいる。あるいは、その人が、能動的で自由で幸せでいられる可能性はほとんどなく、人生の外部にある状況は暗く、乏しく、身の危険を感じるようなものになっていくのかもしれない。または、その人が生きていかなければいけない政治的状況がひどく悪い――たとえば、暴力的で気まぐれな独裁者が無知な大衆により広く支持されている――ため、認識、理解、そして美徳をもった生き方を追求し、保つために必要な社会的および物質的状況が存在し得ないのかもしれない。当然、永遠に自分自身の人生を終わらせることは、自由で合理的な生き方のいかなる可能性も除く。スピノザは「人は同時に存在すること、活動すること、そして生きること、すなわち実在することを望まない限り、誰も恩恵を受け、よく活動し、よく生きることを望めない[11]」と述べている。しかし自由な人にとって、実際に持続的に存在することはそれ自体で終わりではなく、必然的に自由で合理的に高潔な生き方の状態のみを意味する。そして、後者の生き方に何の望みもないのであれば、前者の生き方において、耐える理由などないように思える。

スピノザは、「理性の導きによって我々が求めるのは……未来のより大きな悪よりむしろ現在のより小さい悪である」[12]と主張している。これは、自由な人が直面している未来が、その人の力が減少するのを避けられないという形の悲しみや惨めさ以外には何ももたらさないことを、その人が確実に知っている、という厳密な状況であるようだ[13]。人生を意義あるものにするほとんどを失って生き続ける――実に、かつてはそうだったものが、今では異なり、もう二度と元には戻らないという辛い認識をもって生きる――よりむしろ、理性は、おそらく必然的にでさえ、すべてを終わらせるようにと助言するかもしれない。

自殺についてのスピノザの考えを次のような原則でこのように、より寛大に解釈することに異論を唱える人もいるかもしれない。力が減少していく未来について熟考する人――自分の美徳あるいは完全性を失うことに苦しむだろうと考える人――は、悲しみに影響されるだろう。[14]そして自由な人は決して悲しみを経験しないため、そのような考えを決してもつことができない。[15]結局のところ、スピノザが述べているのは「もし人が生まれつき自由であれば、彼らが自由でいる限り、善悪という観念は形成しなかっただろう[16]」ということである。そして、証明部分で「生まれつき自由で、自由であり続ける人は適切な観念のみをもつ」と主張している。スピノザのいう適切な観念という概念と、善悪の定義から考えると、生まれつき自由で、自由であり続ける人は決して自分の力の減少に苦しまない――つまり、決して悲しみを経験しない、ということがいえる。よって、（悲しく）完全性が低くなる未来を考えて、自由な人が自殺を選ぶのは不可能である。

しかし、前述したように、自由な人（「生まれつき自由」である個人と同じではない）は悲しみさえも含む受動的な感情を免れるわけではない。自由な人はすべての個体と同じように、自然の一部であるため、生涯を通してその都度受動的な感情に影響される。スピノザは、自由な人は決して悲しみを経験しない、といっているのではなく、生まれつき自由な人のみ――スピノザがはっきりと不可能であると述べている条件――は、悲しみを経験しないことを述べている。

しかし、仮に自由な人についてのこの事実を認めたとしても、例示されているような状況――永続する弱体化や病気の苦痛、あるいは独裁者の下で悲惨な状態で存在する見込みに直面している人――は、その人の合理的で能動的な感情が確かに、より有力で受動的な感情に圧倒されている状況の種類にすぎず、そのため自由および合理的に自分自身の人生を終わらせることを選ぶ個人の例とはなり得ない、という異論を唱える人はまだいるかもしれない。もしその人がその兆候や病気の苦痛にまだ苦しめられてはいないとしても、その人を自殺するように動かすのは理性ではなく、自分の力が弱まっていくという未来の可能性からくる悲しみなのではないだろうか。同様に、独裁者と彼の支配する奴隷と化した大勢の人々が、まだ厳しく権力を振りかざし始めていないとしても、今後そうなると予想される政治体制への見込みから生じた恐怖や悲哀という情念が、高潔な人の人生を終わらせるのではないだろうか。

普通の人が、概して理性の導きによって生きているとしても、おそらくその人たちにとってこれらは個人の力が「（個人の）本性に反する外部の原因に全面的に征服された」

実例となり、そのような人にとって自殺という行為は確かに、合理的で情熱的な感情の結果となるかもしれない。しかし、自由な人は決して理性に導かれる以外の行為はしない、と定義されている。自由な人は情念を経験しているかもしれないが――自由な人であっても病気あるいは独裁者の可能性に対して悲哀を感じないのは奇妙であるが――情念は、決してその人の活動を決定しない。そして、もし自由な人が、自分の完全である本性を保つことができないと、的確に、はっきりとした未来の展望として見ていると考えられるならば、その人の理性がその人の持続的な人生を終わらせるようコナトゥスに指示するのではないか、と考えられるだろう。たとえ自由な人が、完全性が低くなる未来について熟考するときに悲しみを感じたとしても、自分の人生を終わらせるという欲望や決定は、悲しみによって推進されたのではない――理性に指示されたのである。

しかしまだ、実際に想定される合理的な自殺はなぜ起こるのかという説明になっていないと、さらに異論を唱えてくる人がいるかもしれない。つまり、そのような状況にいる自由な人は、確実に悲しみに動かされている――その人の選択はより強く、現在の悲しみ（今すぐ命を失うこと）よりも想像した未来に対する悲しみ（結果的に完全性を失うこと）によって方向づけられる——という主張があるかもしれない。スピノザは、我々が理性によって活動する限り、我々は喜びのみによって、何が善であるかという展望のみによって動機づけられる、とはっきり述べている。「理性から生じた欲望によって、我々は直接的に善を求め、間接的に悪から逃れる[17]」。ゆえに、合理的な自殺というものがあり得るのであれば、自由な人が人生を終わらせるのは、比較的小さい悪のため（この場合、その人は悲しみの活動に動かされる）ではなく、善のためでなければならない。しかし、異論を唱えていた人々は、これは自由な人（あるいはすべての人）ができることとは考えられそうにない、と結論づけている[18]。

　この異論から、理性に導かれている人は未来のより大きい悪よりも、現在のより小さい悪を選ぶはずであるという主張をどのように理解するのかという、より全般的な問題が生じる。もし理性に導かれている自由な人は、悲しみによって動かされることができないのだとしたら、その人はどのように常に悲しみとして認知される二つの悪のうち、一つを選ぶのだろうか。

しかしスピノザは、理性に導かれている人は、精神において、二つの悪のうちより小さいほうを善として示すとも述べている。そういう人は、優れて知的な洞察力でものを見て、より大きいほうの悪を避けるために役立つものであれば何でも、それ自体を善と認める。「理性の導きによって、我々はより大きい善として、より小さい悪を追うだろう……ここでより小さい悪と呼んでいるものは、本当は善である[19]」。よって、自由な人にとってその人自身の人生を終わらせることが、その人の合理的な完全性を永続的に失うような、比較的大きい悪を避ける方法であると考えると、それはその人にとって善であるとみなされる。このやり方であれば、その人は実際に悲しみに自殺を動機づけられてはいない。

完全に明確にするならば、自由で高潔な人が、すべての前後関係や、ほかのものとの関係性を取り出して、いかなるほかの要因も考慮せず、自分の絶対的な合理性に任せ、その人の本性あるいは本質のみで活動するならば、そういう人は決して自殺という方針をもたない。もし自由な人が「自然の外」にいて、いかなる外部からの影響あるいは、いかなる状況の抑制もされていないとしたら、その人は自殺をしない、そしてすることができない。これこそが、スピノザが「自分自身の本性の必然性によって、食べ物を避けたり、自分を殺したりする人はいない。……人は、自分自身の本性の必然性から、存在しないように努力する、あるいは別の形に変わろうとするのは何かが無から生じることのように不可能である[20]」と述べている部分が意味していることである。しかし、すべての人間と同じく、自由な人も必然的にこの複雑な世界に住んでいる。何度も繰り返し言及しているように「人が自然の一部ではないことは不可能であり、その人自身の本性のみを通して理解され得る、およびその人がその適切な原因である以外には変化を経験せずにいることはできないはずである」。そして、自由な人も例外ではない。よって、自分が置かれている極めて具体的な状況を考えると、自殺は自由な人の理性、その人自身の本性が指示する活動の方針であるかもしれない。

　これらの世俗的な状況は、確かに自由な人の選択肢を、おそらくかなり厳しく限定する。実際には、先ほど考察したように、スピノザは「負けている」、「外部にある原因に強制されている」、そして自殺を導くと考えられるものの分類のなかに、「小さいほうの悪によって（服従することで）、より大きな悪を避ける」という選択を含んでいる[21]。

しかし、世俗的な状況は、外部にある力として考えられるべきではない。外部の力とは、感情的に自由な人自身の能動的な努力を圧倒し、それによってその人を受動的で不自由にする力を意味する。それぞれの状況下で比較的小さい悪を選ぶという場合は、ほかに例示されている場合――たとえば、ナイフを持っている手を、ほかの人に無理やり押さえられて自分を刺す――とは、かなり異なっているようだ。合理的な人は自分の置かれている状況に対応しなくてはならず、そしてもちろん、これはその人が直面する選択肢の制限を意味する。だが、人はとらわれ、その人の状況に「負けている」ことさえもあり得る。そのうえ、人は特定された選択肢のなかからしか選べないという意味で、ある活動を「外部にある原因（causis externis coactus）に強いられる」こともあり得る。けれど、その結果はまだ自由で合理的な活動のままである。つまり、ただ単にもっとよい選択肢がなかったために、理性から見て最もよいと考えられることをその人は選ぶ[22]。外部の状況に対応して、自由な人は常に合理的であり、常に状況を把握している。そしてもし、それらの状況を考えて、自殺が唯一の合理的な選択肢であるとしたら、活動の自由を損なっていることにはならない。当然、スピノザの宇宙においては、ほかのすべてのもののように、選択も決められている。つまり、あるべき状態にしかなり得ない。しかし、活動は必然的である一方、理性と認識、および高潔な活動を保ち、できるなら最大化するという目標に委ねられている。

事実、スピノザは、セネカの自殺について、外部にある原因に負け、「自分の本性に反し……自分自身を保つことを放棄」し、自らを殺した人の一例として挙げているが、セネカは実際には、合理的な自殺をした完全な一例を示している。このストア学派の哲学者は、自分に与えられた選択肢が何であるかを誰よりもはっきりと知っていた。それはつまり、ネロの兵士による暴力的な死である可能性が高いが、美徳の絶頂期に自らの手で平和的な死を選ぶこと、あるいはおそらく何をいい出すかわからない暴君の支配下で耐えがたい人生を送ることのどちらかであった。また、セネカは小さいほうの悪が何であるかについても特に、はっきりと見通していた。おそらくスピノザさえもそれを認めており、次のように述べている。

> ある人は……暴君の命令で（セネカのように）自分の静脈を切り開くように強

いられ、すなわちその人は小さいほうの悪によって（服従することで）、より大きな悪を避けたいがために自分を殺すかもしれない。[23]

セネカは、そのような場合に理性が規定することを、正確に選んだ。そのためセネカは、すべての場合において必然的な自殺の合理性を主張しているに違いないスピノザの考えのよい一例を示している。セネカは完全に「理性の導きのみによって、我々は二つのよいもののうち、よりよいもの、あるいは二つの悪のうちより悪くないものを選ぶ」という主張が意味することを具体化しているようである。[24]

結論として、少なくとも我々がキケロとディオゲネス・ラエルティオスによる記述から読みとった内容からすると、自殺に対するスピノザの考えは、極めて古代ストア学派と近いように考えられる。[25] ストア学派の賢者は必要であれば、自分の合理性のために自分の命を犠牲にする。そして、賢者にそうするように命じているのは、その人の合理性それ自体である。キケロは、「ときに賢者自身の知恵は、賢者に自分自身を放棄するよう命じる[26]」と述べている。どうやら同じ原理がスピノザのいう自由な人の生き方も支配しているようだ。

自殺が合理性をもつことは可能であるという考えからすれば、スピノザは現代の安楽死についての議論では、肯定する――人道的と考える――側にいる。自殺の多くは確かに情念による行為――身体的あるいは精神的な病気、あるいは悲劇に圧倒されていたり、精神が絶望や落ち込みによって曇っていたりする人の突然で不合理な活動――である一方、人は自分の命を終わらせるという極めて合理的で、明敏な決定をすることも我々は認めている。これは、極度な苦痛を伴う末期の疾患あるいは重度の認知症の発症などの可能性（そしておそらくすでに苦しんでいる）に直面した人々が、ときに下す自由な選択である。動けないほどの痛みから回復や軽減の見込みさえない、あるいはその人がすぐに記憶や自我を全面的に失うという認識により望みがない場合、自我や尊厳が損傷を受けておらず、完全に衰弱する前に、死ぬことを選択する。

スピノザの視点から、理性がその人の持続的な存在を終わらせるように勧めるかもしれないと認めることはまた、『エチカ』全体のうち最も印象的で、忘れられない定理のうちの一つと合致してもいる。その定理は次のように述べている。「自由な人は何よりも死について考えない、そしてその人の知恵は死ぬためではなく、生きるための熟慮である[27]」。自由な人が、自分の合理的な美徳を保つために、自分自身の命を奪うことを考慮するときに、実際にその人の精神を占拠しているのは、差し迫る死や、その人の平凡な存在の終わりではない。実際、そういう人は自分の持続的な消滅について、できるだけ考えるのを避ける[28]。そういう人の注目は、その人の美徳を構成している形相の本質と合理的な認識を構成している、優れたコナトゥスに向けられている。自分の合理的な休止(acquiescentia)を得るとき、その人が考えることは何よりも自分の力について、である。

同時に、自由な人は、自分自身の死の必然性に気づかずにはいられない。その人の適切な認識は、自然のなかにある自分の立場の理解にあり、このことから自分は、現在、ただ一時的に持続的な存在をもっている有限の様態であることを明らかに知る。その結果として、自由な人は、いつかその存在が終わりになるという事実に、どう合理的で感情的に向き合うのだろうか。

第10章

死

17世紀半ば、特にアムステルダムを中心に疫病が大流行した。１６６３年には、市の人口の約５％にあたる1万人が命を落とした。翌年には犠牲者の数はさらに増え、２万４０００人にのぼった。イギリスの外交官ジョージ・ダウニングは、１６６４年7月に「先週のアムステルダムでの死者は７３９人だった。この疫病は小さな田舎町や村まで、ほぼ国中にまん延しており、アントワープやブリュッセルまで及んでいる」[1]と記録している。

大流行する疫病で7月に命を落とした犠牲者の一人は、アムステルダムのメノナイトの商人であり、スピノザの親友の一人であったピーテル・バリングの息子だった。スピノザは、明らかにバリングの幼い子どもの死にショックを受け、デカルトの『哲学原理』についてスピノザが書いた論文を、ちょうどオランダ語に翻訳し終わったこの友人に同情した。

> 私にとって、かなり大きな悲しみと心配の原因となっていましたが、やつらの最強の武器であなたが襲われたときでも、運や、それどころか意見の猛襲に

あっても一蹴できるだろうあなたの気質の慎重さと強さを考えると、その悲しみや心配はかなり小さくなりました。とはいうものの、心配は日々大きくなっています。ですから我々の友情によって、いずれあなたが私に手紙をくださることを切望し、哀願します。[2]

バリングは、息子の差し迫った死には、いくつかの「予兆」があったことをスピノザに宛てた手紙のなかに書き、――スピノザはバリングに対する返信のなかに「あなたの子が闘病中や亡くなったすぐあとに彼が出していた兆候のようなものを、あなたは彼がまだ健在だったときに耳にした」と、バリングがスピノザに知らせた内容を引き合いに出している――そしてその解釈をスピノザに求めている。

我々が読めるスピノザによって書かれた手紙は、多くない。そして現存している手紙から、ほかの人との親交が読みとれるものはほとんどない。しかし、バリングとの手紙のやりとりには、深く悲しんでいる友人を慰めようとしているのがうかがえる。たとえば、父親である友人の魂と息子の魂が結びつく絆を願う同情の気持ちが表されている。

しかし、予兆を聞いたと信じているバリングの迷信的な報告を受け入れながらも、スピノザは、バリングがいずれ神のつくった天国で彼の息子と再会できるだろうという、真実とはいえない望みで彼を慰めることはしていない。

現存しているその手紙が、スピノザと、同年中に自身も疫病により命を落とす結果となったバリングの間で交わされた最後となった。親愛なる友人を失ったスピノザ自身の嘆きは間違いなく大きかった。おそらく、スピノザは知的活動をともに行っているほかの仲間に会いにアムステルダムに戻った。仲間同士で哀悼の意を表する宗教儀式を嫌っていたにもかかわらず、スピノザはメノナイトの告別式にも参列した可能性もある。

スピノザ自身の健康状態も決して頑強ではなかった——生涯を通じて何らかの肺の病気を患っており、生業であったレンズ磨きによるガラス塵のせいで病気は悪化し、スピノザは44歳で亡くなった。ほんの一瞬だったとしても、バリングの死は、スピノザ自身の持続した存在の有限性を熟考し、人が死んでもその後に何か起こるのではないかと考える愚かさを自分自身で再確認するきっかけとなった。

死への不安は『エチカ』の随所に見られる。それは、耐える努力をしている、永遠で無限の実体の一時的で有限の様態としての人間の基本原理についての箇所から、「人間の身体を破壊する」外部の力によって変わり得る止まることと動くことの割合としての人間の身体の物理、そして自殺という心理についての箇所にまで及んでいる。

しかし、スピノザが明らかに自由な人の生き方について長期にわたる哲学的質問を考察している部分は、第4部の最後の定理部分まで見られない。死に対する適切な態度とは何であるか。死を恐れるべきであるか。死とは、悲しみが見込まれるものであるか。あるいは恐怖、または恐らく望みさえ見込まれるだろうか。人は死に対して、諦めもしくは不可知論をもって向き合うべきなのだろうか。たとえばソクラテスは、自身が死刑を宣告される可能性と冷静に向き合うために、判決の延期を選んだ。ソクラテスに有罪判決を下し、科せられるべき処罰について熟考しているアテネ市民を前に、ソクラテスは次のように述べている。

> 死とは、次の二つのうちの一つである。一つは消滅であり、死んだ者はいかなる意識ももたない。もう一つは、そういわれているように、本当の変化——魂がここからあちらへと移ること——である。もし意識をもたず、夢を見ない深い眠りであるとしたら、死とは素晴らしい前進である……一方、死とはここからほかのどこかへ移ることであり、いわれていることが真実であるならば、これよりもさらに幸いなことである……あなたがたのうちに、オルフェウスとムーゼウス、ヘシオドスとホーマーに会うためになら死のうと思う人はいるだろうか。この説明が真実であるならば、私は十回でも死のう[3]。

差し迫っている死がもつものを、心を開いて受け入れるソクラテスは、これから訪れる死への恐怖を防ごうとしているだけではなく、実際に死を魅力的で望ましい状態であり、美徳に専念した生き方の、完全で、そうするべき終わらせ方であるかのように考えている。

スピノザは極めて異なる取り組み方をしている。スピノザにとって、適切で合理的に死を扱うやり方――差し迫った消滅あるいはそれ自体が死の必然性のいずれにしても――は、一切考えないことである。

第４部定理67で、スピノザは「自由な人は何よりも死について考えない、そしてその人の知恵は死ぬためではなく、生きるための熟慮である」と述べている。この定理に続く証明部分には次のように述べられている。

> 自由な人、すなわち理性の指示のみに従って生きる人は恐怖に導かれず、直接的に善を望む、すなわち自分自身の利益を求める基礎によって、自分自身の存在を活動し、生き、保つ。そして、そのため自由な人は何より死を考えない。その代わり、彼の知恵は生きるための熟慮である。

理性に導かれて生きる自由な人も、情念に導かれて生きる人も、最後には善であり正しいことをするかもしれない。しかし、両者の違いはなぜ善であり正しいことをするのかという理由である。恐れから善であることをする人は、悪い行いをすることから生じる悪に直接、重点を置いている。悪い行いから逃げることでやみくもに善の腕のなかへ飛び込んでいこうとしている。たとえば、聖職者たちに教え込まれた神への畏れから高潔な活動をする人は、彼ら自身がそう活動する高潔なもの（そして自分自身の最も利益となるもの）であるためではなく、神の怒りを恐れているためである。「迷信的な人は、人々に美徳を教えるよりも、人々の不道徳を非難することをよく知っている。そして、理性で人々を導くのではなく、恐れで人々を抑える努力をする。それによって、人々は美徳を愛するよりもむしろ、悪を回避する[4]」。ここで原動力となっているのは、喜びではなく悲しみである。

それに反して、自由な人は悪を避けているからではなく、善のみを求め、直接的にそれをする。そういう人は悲しみから逃れるのではなく、喜びを求める。スピノザは食べることを例に挙げてこれを説明している。「病人は死を考える臆病さから、嫌いなものでも食べる。その一方で、健康な人は食べ物を楽しみ、死を恐れて、避けたいと直接的に望むよりもよい生き方をこの方法で楽しむ[5]」

食べ物を楽しむ健康な人を支配している同じ原理は、耐える努力をしている自由な人にも当てはまる。そういう人は死から逃れてはいないが、自分自身の力の強さと、神あるいは自然との自分の関係を喜んでいる。自由な人の合理的な自尊心は、自分とは何であるか、自分には何ができるか、そして自分の導く生き方を、喜びをもって評価することである。そういう人は、悪であるものを恐れて注視しながらも、偶然にではなく、直接的で意図的に、善であるものを求める。それは、理性がそうするようにその人に助言しているためである。このことにより「生きるために熟慮」し、適切な観念によって、あるいは想像の錯覚によって、いずれにしても死について考える機会と、欲望をほぼ与えることはないという条件を満たしている[6]。

　当然、自由な人もすべての人間と同様にいつかは死ぬ。自然の一部として、自由な人も外部にある原因によって引き起こされる変化を免れない。前述したように、自由な人はほかの人よりも受動的な感情に抵抗する力をもってはいるものの、最終的には変化が、彼のコナトゥスを圧倒し、彼の持続的な身体の消滅と、その結果として彼の持続的な精神の消滅を引き起こす。「人間が存在を保とうとする力には限界があり、外部にある原因の力によって無限に劣る[7]」。自由な人は、死を免れないことを自分でよくわかっている。しかし、恐怖やほかの情念に導かれている人とは異なり、その考えにとらわれない。つまり、自由な人は死について考えこまない[8]。死ぬという見通しは、自由な人がどのように行動するかを決定しない。そのうえ、死を防いだり、何らかの形で不死身となる至福を得られたりするとされる迷信じみた儀式に関与させることも決してない。自由な人は死を恐れたり怖がったりしない。そして、死を考えることで怯えたり、悲しくなったりもしない。――それは死後に何かもっとよいものが自分を待っていると知っているからではなく、単に死は自由な人の注意を引かない。自由な人は、人生における最高の達成である神への知的な愛をもって送っている自分の人生の真価を認めるのに忙しい。

　自由な人の目は、目標に向けられ、目標はその人とともにある。つまり、その人自身の自由と美徳である。不合理に死を恐れる代わりに、そういう人は生きていることの合理的な喜びを知っている。

我々は本書を通して、スピノザの考えが古代ストア学派の知恵に、さまざまな点で同意しているのを考察してきた。スピノザが美徳、よい生き方、幸福、そして自殺についていわんとしている内容には、セネカ、エピクテトスやほかの哲学者による書物の影響がはっきりと見られる。しかし、死という主題に関して、スピノザは独自の見解を展開している――実際、スピノザの見解は全面的に反対の方向へ進んでいる。スピノザのいう自由な人が死を考えるとしても、それは稀なことである一方で、ストア学派の賢者は絶えず死を熟慮している。エピクテトスは、精神に平穏をもたらす治療的手段の一部として、人は「死、追放やひどいと思われるすべてのことについて、しかし何より死について日々考える[9]」べきであると助言している。また、セネカも自分の死への恐怖とほかの人の死への嘆きを克服するために不可欠であるとして、しばしば自分自身の死の必然性を考えることを勧めている。「この考え（すべての悪を終わらせる悪である死）を、毎日予行練習することで満ち足りて、人生から出発することができる。生きることにしがみついて執着する多くの人は、激流でさえもゴツゴツした鋭い岩にしがみついて執着したまま下ることになる[10]」。この「死を忘れることなかれ（memento mori）」というストア学派の手段は、スピノザのいう自由な人の活動とはかけ離れている。

自由な人は、理性に導かれて生きる喜びの真価を認めることで頭がいっぱいであるという事実に加えて、自由な人が死について考えないさらなる理由があった。考える内容がないのである。自由な人は、死後の世界、死後に与えられる賞罰の領域、来世などはないと理解している。人は死ぬと、その人にとっては、何もなくなる。

スピノザは、不死の自分が今世を超えて残るというようなことはないと否定している。人は死ぬときには、死ぬ。いなくなる。それで終了である。実際に、不死性を否定しているスピノザの考え方は、さかのぼればヘーレムを強いられていた頃から変わっていない。１６５８年、スピノザはアムステルダムを訪れていた人たちに、セファルディの共同体を追い出された理由は、何よりほかの人たちに「身体とともに魂も死ぬ」と公言したからだと話していた、といわれている。[11]

しかし、不死性などというものはなく、そのため死後について何も恐れるものはないとしても——それはつまり、何の望みもないということでもある。エピクロスは上品に次のように述べている。「最もひどい悪である死は、我々にとって無である。我々がある以上、死はない。そして死があれば、我々はない」[12]。この古代の教訓は、自由な人がよく理解していることである。

スピノザは、『エチカ』の最も難解ないくつかの定理のなかで、ある意味では人間の精神は永遠であり、「身体との関係なしに、精神の持続に関連する」[13]何かがあることを認めてもいる。しかし、後述するように、この精神の永遠である部分には個人的なものはない。死を考えるように勧めている何かがあるわけでは決してない。人が安らぎを感じたり、望みや恐れの対象となったりする何かでもない[14]。『エチカ』第5部の定理部分で述べられている精神の永遠性とは実際、不死性への信念（少なくともアブラハムの宗教で昔から理解されている内容として）と、通常それに伴う迷信じみた終末論に対する強い信念への、スピノザの取り組みの中核を成している。

魂の不死性の原理は、宗教的権力者と側近たちが、信者たちに吹き込んでいる不合理な観念の最も悪質なものといえるかもしれない。自分を不死であると信じることは、無情にも望みと恐れの情念に支配された生き方を送ることにつながる。つまり、天国で永遠に報いを受けたいという望みと、地獄で永遠に罰を受けることへの恐れである。来世での自分の魂のもつ運命へのこれらの感情は非常に強く、我々の感情的な生き方を占拠する。人は神の報酬を得て、神の処罰を避けるためなら何でも――どんなことでも！――する。その一方で、神父、牧師、ラビなどの聖職者は、自分たちは永遠に望む結末を得るために人は何をする必要があるかを厳密に知っているという。一般人のもつ絶望感、迷信的な信念、そして聖職者が吹聴していることが組み合わさって火種となり、前の人たちに続こうという独創性のない服従をつくっている。人々は聖職者の情けにすがり、自分たちの行動を指示され、自分たちの生き方や方針でさえも管理されるがままにしている。そうすると、欲望が理性ではなく望みと恐れからくる感情に導かれている情念への心理的な屈従だけではなく、社会的および政治的な屈従を伴う結果となる。モーゼス・メンデルスゾーンは、「地獄での処罰の永遠性などという許容できない観念」は「理論上、来世で不幸になるよりも多くの人々を今世で真に惨めにする悪用された観念である」[15]と述べており、スピノザと同じ考えをもっているように見える。『エチカ』最終部の定理でスピノザがしようとしていることは、我々を自由の生き方から遠ざける個人的および一般的屈従の基礎となる、人を惑わせる有力な信念への反論である。不死性という信念を弱体化することで、スピノザは聖職者階級の人々がどんどん精神と政治形態において勢力を増していることを恐れ、その影響力を低下させようとしている。実質的に、スピノザは聖職者たちの最も強力な武器と思われるものを、彼らから奪っている。

第5部定理23で、スピノザは「人間の精神は、絶対的に身体とともに破壊することは不可能である。それだけではなく、その何かしらは永遠に残る」[16]と述べている。まず、この精神の永遠である部分――そして、スピノザはすべての持続的に存在する精神を構成している何かについても考察している――は、単に精神の形相の本質を構成しており、すなわち「永遠の相によって、この、あるいはあの人間の身体の本質を表す観念[17]」である。人間の精神の本質とはまさに人間の身体の本質である。そしてこの「中核となる」観念は、その物体である身体の永遠の本質に劣らず永遠といえる。これは、延長の属性の下にある身体の永遠の形相の本質に対応している、思考の属性の下にある神、あるいは自然における永遠の観念である。これは、人間の身体の永遠の相（sub specie aeternitatis）の認識にほかならない。

　人間の身体の形相の本質が、それ自体で実際に持続的な存在をもって裏付けられるとき、人間の精神は実際に持続的な存在をもつ。人間の精神は、人間の身体が存在するとき、そして存在している限り、存在する。持続的に存在している間、人間の精神は、身体の本質のその本質的な（永遠の）中核となる観念のうえで、ほかの身体と相互に作用する身体の情動を反映している多くの感覚的で想像の観念を得る。ピンとかドスンとかいう刺激など、身体に起こった印象は、精神のなかで感覚や気持ちや心象として表される。しかし、存在する身体がその持続的な終わりを迎えるとき、それらの感覚的で想像の観念も同様に終わる。死後、身体がほかの身体の情動に苦しむことはもうない。そして、それらの情動に対応する観念――知覚、感覚やほかの心象――も、もはや精神にはない。死後、精神には何が残るかというと、単に身体の本質の永遠である観念である。さらに、人間の精神と身体の真としてのものは、本性にあるすべてにおいて真である。身体の永遠である本質の、永遠である観念は、神あるいは自然の思考の属性――「無限の知性」――のなかに存在する。それは、人間であろうと、キリンであろうと、木であろうとその身体の持続的な存在の前、最中、そして後ろにもある。これは人間が自慢できることでも、安らぎを感じられるものでもない。そしてこれは個人的なことでもない――確実に、今世において自己と何らかの意識的な関係を有するいかなる「自己」もない。そこには、具体的に何が身体かという永遠である観念しかない。

　定理23が述べているのは、精神の「基本的な」永遠性と呼ぶことができる内容である。永遠性とは、自然であり、必然的に人間の根本的な本性の一部である。「第3種の認識」についての定理を挟んだいくつかあとの定理にて、スピノザは再度、精神の永遠性を考察している。しかし、その部分では精神の永遠性とは、人によってさまざまであり、時間が経つにつれて増えることもある、とまでされているように読みとれる。仕切り直してスピノザがここで述べているのは、人はより多くもより少なくも永遠である精神をもつことができ、これは人の精神のなかで知的な理解という適切な観念が占める割合に応じて異なるという説明である。その割合は、本質的に人生においてその人の精神が得た第2種および第3種の認識が多ければ多いほど、死後の精神にもそれらが残る。なぜなら、第2種および第3種の認識を構成している適切な観念は、精神の本質的な中核である身体の形相の本質のもつ観念のように永遠だからである。それらは、永遠の相によって、ものについて考える神の認識である。

すべての個人は、身体の永遠である本質がもつ永遠の観念にある、精神の基本的な永遠性を共有している。この永遠性は、人が認知し、努力をして得られるものではなく、精神の根本的な構成の一部分である。しかし、生涯を通して人が認識を求めることで得る適切な観念は、精神にある観念に追加される部分となる。これにより、認識をもつ人は永遠性をより多く共有することができる。

精神の本質は認識にある。そのため、精神が第2種および第3種の認識でもの

をより認識することで、精神のより多くの部分が残る……精神が第2種および第3種の認識でものをより認識することで、精神のより多くの部分が無害のまま残る。[18]

持続的な人生のなかで、人が適切な観念をより多く得ること——人がより真の認識を得ること——で、それらの観念を構成する精神の部分は大きくなり、そのためここで今存在している間に、その精神はより多く永遠性を共有する。しかし、認識をもつ人の生が終わるとき、精神に残っているすべてはこれらの観念、つまり精神の永遠である事柄しかない。適切な観念は永遠の真実であり、認識をもつ人は、ある意味では人間として生きている間、それらの真実を「利用する」ことができる。その人が死ぬとき、一度はその人の精神の一部になった真実は、神あるいは自然のなかで永遠に耐える。

スピノザは「精神の永遠である部分は知性である」[19]と述べている。しかし、スピノザの述べている知性は、デカルトのいう魂のような、ある種の個人的な能力ではない。知性とは、単に観念の集まり——感覚、自意識や記憶は除くにもかかわらずこの持続的な人生において、その集まりに自我を与える——であり、つまり死後にも残るものである。[20]

スピノザは、これらすべてから即座に「精神がはっきりとした明瞭な認識をより多くもつにつれ、一方、精神がより神を愛するにつれ、死は我々にとって害ではなくなる[21]」と結論づけている。そして、精神がものを第2種および第3種の認識で理解すればするだけ、「精神は死を恐れなくなる」。

精神はそれ自体の永遠性についての真実を認識している。そのため、精神はそのいちばん重要である部分——その認識、その適切な観念——が、死によっても不動であることも認識している。なぜなら厳密にいうと、永遠であるものは死に影響されないからである。そのような精神は、「精神の部分は……身体とともに消滅し」、——つまり、感覚、想像、記憶の観念——「精神に残っている部分とは少しも関係がない[22]」ことを認識している。豊富に知覚的で感情的な生き方を経た持続的な精神にも、終わりはくるかもしれないが、神あるいは自然の無限知性にある観念として、一度認識した精神の本質と永遠である観念は永遠に耐える。

同様に重要なのは、それ自体の永遠性についての真実を認識している精神は、永遠性とは個人的なものではないということも認識している。個人において永遠であるのは、観念をもった身体だけである。よって、キリスト教やほかの宗教で約束されている個人的な不死性の種類とは程遠い。これらの永遠である観念には、意識、記憶、情念や、ほかにもそれらがかつて役目を果たしていた持続的な人生とそれらをつなげるものは何も含まれない。永遠であるのは、自己ではない。

よって自由な人は、人は死ぬとどうなるかという迷信じみた想像の信念に屈しない。

> 人々の一般的な意見に耳を傾けると、人々は確かに自分たちの精神の永遠性を意識しているようだが、彼らはそれを持続と混同し、想像あるいは記憶によるものと考え、それらが死後にも残ると信じている。[23]

精神とは何であるか、そしてその永遠性は何に存するかというはっきりとした明瞭な認識は、それによって死や死後について懸念し、その人の生き方を支配し得るそういった単なる情念から精神を解放する。死は終わりである（そして新たな始まりではない）と認識することは、いかなる種類の望み、恐れ、あるいは想像の来世に向けられたほかの不合理な感情を取り除く。自由な人は、死に対して懸念することが何もないと認識しているため、死について考えない。死について恐れる理由はないため、死を恐れることはないが、何かを望む理由もない。そういう人が注目しているのは、自分の今生きている持続的な人生における合理的な自由と、美徳が自然と必然的にもたらす福利を行使することである。「至福は美徳の報いではなく、美徳それ自体である[24]」

一人の学者が、『エチカ』のこの部分の教訓を次のように、うまくまとめている。スピノザが断言している意味で、永遠性を手に入れている人は、身体の死には勝たないが、むしろ同じくらい重要なことを成している。つまり、死への恐怖に勝っている[25]。

合理的で高潔な人は人生を楽しみ、死を恐れない。そういう人は、それが善であるため、よいものを求める。そういう人は、認識しているためにそれをする。それをすることで自分の気持ちを変える何かが起こるためにするのではない。そして、そういう人は自分がすることが、どう自分にとって最も利益となるのかを認識している。そういう人は、認識から利益を得る。そのうえ、悲しみをもたらしたり、自分の人間としての繁栄と知的な完全性の粘り強さの邪魔をしたりするものを避ける。そういう人は、ほかの人と前向きで生産性のある関係を築き、その人たちの人生も繁栄するように助ける。これらすべては、合理的で高潔な人の強さ、自由、それに幸福に存する。そして、もしそういう人が、自分の持続的な存在のある時点で、たまたま自分の死について考えなければいけなくなったとしたら、どうだろうか。そういう人は死を自然に、落ち着きと満足感（acquiescentia）をもって、穏やかな精神で「我々が望める最高のもの」と考えるだろう。

第11章
正しい生き方

私は本書の初めのほうで、スピノザの主な著作物で扱われている一見したところ多様な主題には、ある一貫したテーマが存在すると述べた。そのテーマとは、自由である。『神学・政治論』は、知的、政治的、そして宗教的な自由――あるいは、その副題が示しているように「国は哲学をする自由を、その平和あるいは道義心を害することなく許可し、そしてその平和と道義心を壊すことなく否定することはできない」――について書かれている。一方、『エチカ』は個人の自由について書かれている。人がしたいことをする身体的な自由あるいは、人が思ったことを口にする知的な自由についてというよりも、人が善であり、自分自身にとって最も利益となると認識していることを選んで行う内なる自由についてである。それは、ほかのものがその人に与える影響からではなく、その人自身の本性から生じる人の思考、欲望、選択(そして究極的に人の活動)による自主性という自由である。

スピノザが『エチカ』で述べているのは、――力強く「異端である」神の基本原理を超えて、人間の本性と認識、そして人間の情念の一覧についての極めて独自の分析として――最良の生き方についてである。スピノザはこれを「正しい生き方」(recta vivendi ratio）と呼んでいる。これは、理性に導かれている人が自分自身の利益を探すことに存する。この生き方は、自由な人によって具体化される。

自由な人は、実現不可能な理想ではない。これは、自己矛盾の理念——自然の外部にあり、情念に影響されない人間——でも、本性の法則から除外された法則的な不可能性でもない。自然の一部であり、受動的な感情の影響下にあり（しかしこの感情に導かれてはいない）ながら、理性のみに独占的に導かれている、この自由と美徳の優れた状態をもつのは、実現することも、ましてや生涯を通して維持することも、明らかに並外れて難しそうに思える。しかし、スピノザにとって——我々にとって——そういった自由な美徳は、我々の最も深い欲望の自然で必然的な対象であり、少なくとも原理としては達成を望めるものである。『エチカ』の最後の段落で、より自由になり、情念の力を減らすにはどうするかスピノザが述べてきた方法について、スピノザは「これらのものを導くため、私がここまで示してきたやり方は非常に困難に見えるが、見つけることは不可能ではない[1]」と述べている。自由な人は、単に一貫して例外なく理性に導かれて生きている個人であり、そのためにより自由になった普通の人がその状態を連続していることと変わりなく、自由な人も可能な領域にいると考えられない理由はない。

その人が意識していようと、してなかろうと、形而上学的に人間の本性に根づいた完全性を示す自由な人とは、すべての個人がそうなろうと究極的に努力をする目標である。前述したように、自由な人の生き方とは「我々が望める最高のもの」である。自由な人は人間として繁栄し、そのため幸福それ自体を認識している。

しかし、設定された基準はやや高い。おそらく人類の全歴史上、自由な人は一人もいない。個人的な経験から、スピノザは「人は真の理性によってよりも、意見によって動かされ……しばしばあらゆる種類の欲望に屈する」[2]ことを知っている。もし人が自由を増やすことは単に「難しい」ことであり、あとどれくらい自由になれば自分自身を完全に自由である状態へ向上させられるのか想像ができるのであれば、不合理な感情の力に負けることは決してない。自由な人は確かに「稀」なものであることを、スピノザは認めている。しかし、このことから何が結論づけられるだろうか。

ここで再度、カントの考えが役立ちそうである。「それ自体で善」あるいは「絶対的に善」である唯一のものは善である意志——つまり、その人自身の特定の性向あるいは欲望にかかわらず、道徳的義務がそう命令しているというただ一つの理由のために、ある活動を行う(あるいは避ける)よう動機づけられた意志——と主張しているカントは、おそらく確実に善である意志に属する行動ができる人などいない、という反論を考慮している。それならそれでもよい。しかし、これは単に経験に基づいた主張にすぎない。つまり、合理的な道徳的行為者が理想になろうとする動機の純度に対する異論を唱えてはいない(唱えることはできない)。

> もし我々が頻繁に会う人々の行いからくる経験に注意を払うとしたら、我々自身が認めているように、純粋な義務から活動をする性質を言及することができる実例はないという不平しか出てこない。そして、ほとんどの行いは、おそらく義務が命令することに従っているとしても、それは本当に義務から行っているのか、そしてそれは道徳的価値をもつのかは常に疑わしい。

真の善は、どこかほかにあるはずであると認めるよりむしろ、カントは「尊敬すべき観念を教訓として考えるのに十分であるくらい気高く、しかし、同時にそれに従うには弱すぎる人間の本性の弱さと不道徳[3]」と失望するほかの人々に交ざって満足している。

スピノザも綿密で演繹的に、自由と自由な人の合理性——私が「人間の本性の模範」と解釈しているもの——は、我々の理想の状態を示していることを証明している[4]。もし我々が、自分たちは自由にはなれないとわかれば、状況はさらに悪くなる。問題は、我々が設定した理想の目標にあるのではなく、我々自身の無知と弱さにある——つまり、我々は目標を識別する、あるいはその目標に到達するための方法をうまく実行することができていない。

『エチカ』の倫理的な部分を読んだ人たちは、必ず、そして驚くべきことではなく、スピノザの提示する「正しい生き方」特有の見地に戸惑いを感じる。より広くいえば、読者はスピノザの道徳的なすべての取り組みの性質と正当性にも、疑問を感じるだろう。

実際には、二つの基本的な疑問がある。その疑問は、長年にわたって生じており、人々の意見が一致していないように思える。一つは、「理性の指示」、そしてある種の規定あるいは「するべきこと」があるとしたら、それらは誰に課せられるのだろうかという疑問である。もう一つは、スピノザが自身の厳しく絶対的な決定論をもって提唱している、よい生き方の型をどう調和させればいいのかという疑問である。つまり、人間の選択や活動を含めて、宇宙にあるすべては因果的に必然として生じており、ほかの在り方で存在できるものはないのだとしたら、読者に向けて自由な人のように努力するべきであるという要点は何なのだろうか。それは、読者がすでに自由であったとしても、そうではないとしても疑問である。もし読者が自由であれば、彼らはそうと決められているのである。もし自由ではないとしても、彼らは自由ではないと決められているのであり、それに対してなす術はない。

　理性の指示と、理性が指示する自由な人の生き方は、普通の人間の規範的な型であるかという議論に対して、かなり多くの学者が否定している。状況や状態に関係なく、すべての自由ではない人が自由になる努力をするべきなのだろうか。そして、自由になる努力をしながら、その人たちは自由な人のように振る舞い、理性の指示のみに従った行動をするよう方向づけられるべきなのだろうか。そのため、理性の指示は、自由でも自由ではなくても、すべての人に対しての規定であるのか。もしそうであれば、この場合の「するべきこと」は何だろうか。

理性の指示とは、普遍的な規定であり、そのためすべての人にとっての行動の指令であるのかという議論は、誠実さに関する定理にさまざまな考察がされたのと同じように、よく意見が分かれる。[5] 確かに、自由な人は常に誠実で決して人を騙さない。なぜなら、自由な人は人間の完全性をもっており、人を騙すことでその人の完全である状態を危険にさらすのならば、自分の持続的な存在を終わらせることをひどく恐れたりしない。しかし、少し前の章で触れた問題に戻り、自由には足りていない個人であればどうだろうか。そういう人たちも例外なく誠実に活動すると見込んでよいのだろうか。そういう人たちも常に理性の声に耳を傾けるのだろうか。自由な人の考え方や活動、そして自由な人の生き方とはどんなものであるか、つまり自由な人は何をどう行い、なぜそうするのかについて教えられるのは、悪いことではない。しかし、我々のほとんどは自由な人ではない。そのため、すべての人が自由な人のように振る舞うのは無謀であり、危険でさえあるともいえる。自由な人にとって善であることは、必ずしも普通の人にとって善とは限らない。それどころか自由な人にとって善であることは、普通の人にとって悪である可能性さえある。結局のところ、継続して持続的に存在することは、自由と完全性の追求に不可欠であり、持続的に耐えるためには、ときに嘘をついたり、人を騙したりすることも必要であるのかもしれない。[6]

　また、別の角度からの疑問もある。自由で、合理的に高潔な人は、理性の指示を規定、つまり、どう生きるべきであるかという指示だと認めている。同時に、理性の指示に含まれているこの「べきである」という意味合いは、むしろ指示を弱めていると考えられる。なぜなら、自由な人が理性の指示に反した活動をすることはないからである。理性の適切な観念は、因果的に自由な人の考え方と活動を決定している。そのため、理性の指示が事実上示しているのは、そのような人が実際に必然的にどう生きるかという記述でもある。[7] 自由な人についての定理が「自由な人は、こうする」とか「自由な人は、こうしない」という書き方をされているのはそのためである。しかし、そこまで恵まれてはいない個人についてはどうだろうか。理性の指示は、そういう人たちがより自由になるためにどう生きるべきであるかという規定でもあるのだろうか。[8]

前述したように、最も一般的な理性の指示は、すべての人が自分自身を愛し、自分自身の利益と本当に自分のためになるものを求め、本当に自分をより完全にするものを欲し、そして「絶対的に、すべての人ができる限り自分自身を保つ努力をする」ことである。また、理性は「我々がそれ自体のために美徳を求めるべき」であると（スピノザの言葉でいうところの）「規定をしている」。そして、社会レベルでは、ほかの人のために我々が欲することのないものを、我々は自分たちのためにも求めるべきではない。[9] これらの極めて広範な指示は、すべての人間の心と精神を導く普遍的な規定として簡単に思い描ける。ある意味、これらの指示はすべての個人の本質であるコナトゥスの定理としての表れにほかならない。そのために、これらの指示は本来（暗黙的に）すべての精神に向けて提示されているはずである。すべての人々は多かれ少なかれ、ある程度は自分自身の利益を求めるべきであることを認識している（自分たちの利益が何にあるかについて間違った信念をもっているかもしれないが）。

しかし、自由な人――常に、誠実に活動し、無知な人たちとの交流を避け、今ある小さいほうの善より未来の大きいほうの善を選び、死を考えないなど――の、より具体的な行動や態度についてはどうだろうか。[10]普通の人も、同様にこれらの指示を順守するべきだろうか。[11]「正しい生き方」とは、その人が自由であっても自由を求めているだけであっても、すべての人にとっての正しい生き方なのだろうか。そして、自由とは何であるかという適切な観念すらもたず、自分たちがこれらの指示を求めるべきであることさえまったく気づいていない人たちはどうだろうか。

理性の指示は（自由な人の活動を）説明しているのだろうか、あるいは（すべての人を）規定しているのだろうかという質問に対しての正しい答えは、どちらもイエスである、と私は考える。理性の適切な観念が因果的に導いていることは、自由な人が否応なしに考えたり行ったりしていることであり、自由ではない人にとっては忠告である。もし、あなたが今よりもっと自由になり、ついには自由な人になりたいのならば――気づいているいないにかかわらず、そうなりたいはず！――これこそがあなたのするべきことである。結局のところ、『エチカ』の定理部分に記されている具体的に自由な人がすること、しないことは、最も普遍的な理性の指示から実証として「厄介な幾何学的秩序のなかに」生じた、単なる「自由な人の気性と生き方についての補足」である。よって、自由には足りていない人も、これらの基本的な指示の普遍性を共有しなければならない。どうやら、理性の指示の領域を、人によって区別する論理的な理由はないようだ。

ほかの人を誠実に扱うことは、何よりも「有益」であり、より完全性を求めて努力する人を助ける、と理性によって規定されている。もし理性がすべての人に普遍的に自分自身の利益を求め、本当に自分をより完全にするものを欲し、ほかの人の利益となるようなやり方で活動するように指示するとしたら、それはすべての人に対して平等に理解を求め、誠実に活動し、誰も憎まず、無知な人たちとの交流を避けるなどを指示していることになる。ある学者は「理性の指示は、我々の力を促進する実践的な原則である」と述べている。これは、すべての人は（必然的に）自分たちの力を促進する努力をしているため、理性が指示することは、すべての人に対する実践的な原則であることを意味している[12]。スピノザは『神学・政治論』のなかで「我々のもつ理性の法則と一定の指示に従って生きることが、人間にとっていかに有益であるかは疑う余地がない。前述したように、これらの法則と指示は、人間の真の利益となることだけを目的としているのである」[13]と述べている。

当然、普通であり自由には足りていない人はよく、自由な人はしないだろうやり方で行動をする。これは、その人がどれくらい情念に支配されているのかによる。アクラシアに苦しむ人であれば、自分のよい判断に反した活動をする。なぜなら、情念の感情的な強さが、適切な観念の感情的な強さより大きくなり得るからである。また、単に合理的な行いをするように導く適切な観念をもっていない人もいるかもしれない。スピノザは、ときにはそれでも問題はないと認めている。スピノザは謙虚さと後悔はどちらも美徳ではないことを説明したのちに、そうとはいえそのような姿勢は有益になり得ると述べている。

> 理性の指示に従って生きている人は稀であるため、謙虚さと後悔というこれら二つの感情と、それらに加えて望みや恐れという感情も、不利益よりも利益を

もたらす。よって、人間とは罪を必ず犯すため、むしろそれらの方向で罪を犯すべきである……これらの感情に支配されている人は、ほかの人よりもずっと簡単に導かれやすい。そのために、最後にはそういう人は理性の指示に従って生きるようになるかもしれない。すなわち自由で、至福である人生を送れるかもしれない[14]。

どうやら、自由な人がすることを普通の人は単にできない場合と、あるいは少なくとも自由な人としてはそれをしない場合があるようだ。そして、最初の一歩は、一定の受動的な感情を利用することである。そうすれば、その人は理性の導きに従い、始められるよう自分の状態を十分に向上させることができる。つまり、それらの情念はのちに置き去りにされる。いわば、一度上った梯子をお役御免とばかりに蹴り飛ばすのである。

そのうえ、自由になる最善策は、自由な人がするように活動することのようだ。つまり、自由な人がするようにして、できる限り自由な人の気性を推測することである。それは、理性の指示に従うことを意味する。初めは、自由な人がそれらに——自然で、自分自身の適切な観念の必然的な影響として——従っているのと同じようには、それらの指示に従っていることにはならない。それはむしろ、外部から強いられている指示に対するある種の義務として、意図的に傾倒しているにすぎない。[15]

『エチカ』に描写されている理性の指示への「義務」として高潔なことをする自由ではない人と、『神学・政治論』のなかに描かれている神の法則に従い、信念によって隣人に対して正義と慈悲をもって振る舞う非哲学的な普通の人たちのやり方の違いは、うまく比較されている。合理的で高潔な人は、知的な理解を通してそうすることが自分にとって最も利益となるのを認識しているため、ただ慈悲深い。それに対して、想像に導かれている非哲学的な個人は、道徳的に人を啓発する聖書の物語を通して神の戒律に従うよう鼓舞されている。大勢の無教養な人に囲まれていても、哲学的な人の「敬虔深い」行動は必然的にその人の本性のみから生じており、スピノザは敬虔な行為とは「服従」であると主張している。[16]

　よって、自由ではない人は理性の指示に服従して自由な人のように活動するべきである。しかし、ついには自由ではない人はそれらの指示を深く理解するようになり、理性に導かれることが習慣になる。理性が要求するように認識を求めているうちに、その人の適切な観念は増大し、より有力になり、自由な人がそうであるように、適切な観念が効果的に原因となり、その人の行動を支配するようになる[17]。外部の「するべき」は、より内から生じる「するべき」に変わっていく。

この手段はスピノザの推奨によって次のように定理されている。「我々が自分の感情を完全に認識していない限り、我々にできる最善のことは、生き方の正しい原理、あるいは人生の確かな原則を考え、それを記憶に留め、人生を通して頻繁に出くわす特定の場面において、絶えずそれらを適用していくことである[18]」。スピノザが一覧として提示している原則は、まさしく自由な人にとっての理性の導きである[19]。そのような「理性のルール」の一つは、愛で憎しみを征服し、決して憎しみをもって報復しないことである。また、「人生においてよくある危険は、精神の在り方と気質の強さによって最も回避でき、乗り越えることができる」。ほかにも、人の意見に左右される危険、野心やある種の評価を避けることがルールとして示されている。より自由になるために努力している個人および究極的に自由な人は、「それら（ルール）を、注意深く――難しくではなく

――観察し、それらを実行する」。そうすることで、その人は「理性の指示に従って自分の活動のほとんどを方向づけることができるようになる」[20]。いいかえれば、自由な人のように活動する――理性の指示に従う――ことで、人はより自由になり、望んだように自由な人になりさえもする。

　これは、アリストテレスの主張する高潔な人になる方法と違いはない。つまり、高潔な人がすることをして、高潔な人のやり方でするように、正しくするように努めることである。そうすることで、美徳とそれらの活動や思考が自然とその人の身につくようになる。「善になれるという見通しをもつことさえもなく、正しい人がするように正しく、節度のある人がするように節度をもって活動する」[21]。アリストテレスにとっても、スピノザにとっても、美徳とは高潔な人が順守している活動のルールに従うことから始まる。やがて、これらの活動はその人の気質から生じるようになる――あるいは、スピノザの言葉でいえば、必然的にその人の適切な観念から生じるようになる。

　自由な人の精神にある感情的に有力で適切な観念として、理性の指示は、その人が特定のやり方で活動する原因となる。そういう人は、特定のやり方で活動するよう方向づけられているため、理性の指示を規定として経験するが、理性の指示が規定することを常に自然に行う。一方で、普通の人にとって理性の指示はより規定的である。情念があるため、普通の人が必然的に行わないことを理性の指示は命令する。そのため、理性の指示することをまったくせずに終わる可能性もある。

理性の指示がすることは、すべての人間が基本的にもっている、あるいは人間そのものを構成している欲望を満たす思考と行動の様態の規定である。つまり、自分を最善で最高という意味で耐えて保つことである。そのため、人は理性の指示に従うべきなのである[22]。

しかし、このことすべてからさらなる疑問が浮上する。より自由に、そしてついには自由な人になるために、普通の人は理性の指示に従って生きるべきである。この意味では、理性の指示は規範的である。けれど、これは仮説として、あるいは条件つきの規範でしかないように見える。もし、あなたが自由になりたいのなら、理性の規定を順守すべきである。だが、そもそも人は自由な人になる努力をすべきなのではないだろうか。もし私が自由とは何かという適切な観念をもっていないため、あるいは自由とは何か、そして理性が命じていることは何かを知っているが、十分に鼓舞されておらず、今のままの状況に満足していて本当に自由になりたいと思っていないとしたら、私は自由な人になることを求めようと思わないのではないだろうか。「弱い」人のもっている情念の感情的な強さが強すぎるため、理性の適切な観念の力は欲望を支配できる可能性がないかもしれない。[23]人によっては、単に自由という動機をそこまで強く感じておらず、自由になるために理性が規定することをしようと適切に感じないことがあるかもしれない。

スピノザは、理性に従って生きることを――強制的に――義務づけられている人はいない、と認めている。これは特に「本性の状態」において真であるが、賢明な君主が真に市民のために自由を与える（そして背いた者を罰する）ために制定した合理的な法律ではない限り、政治形態のなかにおいても真である。そのような理想的な国民にとってのみ、合理的でいることは義務――法的あるいは政治的な義務――である。スピノザは、『神学・政治論』のなかで次のように述べている。

> 自然の法則にのみ従って生きていると考えられる人のなかには、まだ理性を認識していない人、あるいはまだ美徳の習慣をもっていない人もいて、欲求のみの法則に従って生きる究極の権利をもっている——理性の法則に従って自分の人生を送る人と同様。つまり、賢人が何もかもを理性が指示するように行う、あるいは理性の法則に従って生きる究極の権利をもっているように、無知で、弱い精神をもった人は何もかもを欲求の促すままに行う、あるいは欲求の法則に従って生きる究極の権利をもっている。[24]

反した者に制裁を与えるよう、人によってつくられた法律、契約あるいは同意以外に義務はない。国に法的な義務があるとしても、（非哲学的な）君主が制定したその法律は、私に合理的で高潔に生きるよう強いるものではない。理性に従って生きるべきという賢明な君主による命令がないのならば、自由な人の生き方とは規範的なのだろうか。

私が合理的で高潔になりたいと思うべきであるという強制的な理由はあるだろうか。

ここまで考察してきたことから、これらの質問が的外れなのは明らかなはずである。自由を手にする根本的な努力は、人が選んだり選ばなかったりする不確定で計画的な選択ではない。すべての人間は必然的に自由のために、合理的で高潔な生き方のために努力をするのである。なぜなら、すべての人間はまさしく自分たちの本性によって、自分たちの力を保ったり、増大さえもしたり、自分自身を向上したりする努力をしているからである。すべての人は人間として、完全性を手に入れたり、保ったりする努力をしている。人はこれを喜びあるいは快楽のための欲望として経験することもあれば、（もし十分に理解をしていれば）自由、合理性、そして美徳への努力であると気づくこともある。

合理的で高潔になるためのこの努力に秀でている人もいる——すなわち自由であり、理性の適切な観念に従って生きている人たちである。そういう人たちは、真の善、真に美徳につながるものが何であるかを認識しており、それを追い求めるが、そういうことをまったく上手にできない人もいる。上手ではない人たちも自分で気づかないうちに自由のために努力をしてはいる。しかし、そういう人たちは情念と不適切な観念に導かれて、不完全で誤った根拠に基づいてそういった努力をしている。そのため、そういう人たちは誤ったほうを向き、間違ったものに価値を見いだす。彼らは、自分の生きる世界で自分が求めている快楽を真の善だと思い込み、快楽こそ自分たちが求めるきちんとしたものであると信じ、目標に設定する。彼らはいずれにしても間違っている。耐える努力はしているが、忍耐力が何に存するか、あるいは何を要求しているかを勘違いしている。彼らが本当に最善の方法で粘り強く求める努力をしているのは——繰り返すが、彼ら自身が気づいていてもいなくても——自由、幸福、至福である。

情念に導かれている人は、自由な人の生き方が規範的であるとも、その結果として理性の指示が規定的であるとも認めていない。なぜなら、情念に導かれている人は理性の定理する自分の終末を意識的に望んでいないため、終末に合理的な手段を用いたいという十分な意欲をもっていない。情念に導かれている人が理性の規定する活動や態度は何であるかを知っているとしても、彼らはなぜそうしなければならないのか、と問うだろう。無知であるために、そういう人たちが見落としているのは、理性に従うことが実際には彼らが究極的で、必然的に、自分自身の本性によって得ようと努力している、自由な人の生き方をまさしく手に入れられる方法だということである。

よって、「なぜ私は自由な人になりたいと思うべきであるのだろうか」という疑問は、間違っている。なぜなら、あなたは自由な人になりたいのである！　誰もが自由な人になりたいのだ。あるいは、もっと厳密にいえば——誰もが、多かれ少なかれ真である度合いにかかわらず、すでに自由な人であるため——誰もがより自由になりたいと思っている。そして、ほんの少しの啓発で、誰もがそのことに気づく。そのとき、理性の指示が規範的——彼らが望むようによりよく、より高潔で、より自由な生き方をするために必要な真の手段を示す——であることにも気づく。

では、そのような啓発はどこからくるのだろうか。自由な生き方を始めることが、ある種の純粋に自発的な自由の選択でもなければ、動機づけられはしたものの、全面的な自己決断でもない——なぜならスピノザのいう世界にはそのようなものは存在しない——としたら、人は突然に自分の生き方を変えたいという欲望をもつだろうか。世の中にあるはかない快楽で誘い込む代わりに、人が理解することの真の善や、それに伴う喜びや至福を求めるように促進できるものは何だろうか。

この質問に回答するには、本書の初めでも紹介した『知性改善論』の冒頭でスピノザが自分自身について述べている箇所に戻ってみるよりほかによい方法はない。スピノザはアムステルダムでドライフルーツなどの食べ物を扱う商人であり、ポルトガル系ユダヤ人の善良なタルムード・トーラー会衆の一人であった。しかし、その生き方とそれを満たしている価値に、スピノザは満足できなかった。何かが足りなかった。知的にも感情的にも満たされなかったスピノザは自然に、自ら「何か新しくて、異なる目的」と呼ぶものを求めた。

> 経験によって日常生活のなかでよく出くわすすべてのものは空しくつまらないということを学んだのち、私は自分の心配の原因や対象となっているすべてのものはそれによって心が揺らいだというようなことがない限り、それ自体ではよくも悪くもないと気づいた。そして私はついに、そのもの自体が伝える能力をもち、ほかのすべてを排除してそれ単体で心に作用する本当の善が存在する

のだろうか、実際にそれを見つけて手に入れると永遠に持続する究極の喜びを与えてくれるものがあるのだろうか、と問うことを決意した。

どうやら、このように人は促進されるようだ。人は生きていると、自分の求めているよいものは真の善ではなく、それらのもたらす快楽も真の喜びや幸福ではないと感じる瞬間があるかもしれない。何かが起きること――頭から離れない質問、個人的な喪失、不満足感や、おそらくもっとよい何かがある気配――で、人は新しい方向へと動かされる。自然のなかにあるすべてと同様に、これもすべて――思考の様態の下にある自然で必然的な一連の出来事として――因果的に決められている。

生き方を変えることに失敗したとしても、非難されるべきことではない。そこには守られなかった公的な義務や責務も、与えられるべき罰もない。しかし、理性に従った生き方を求めることで得られるものは大きい一方で、それを無視したことで払う代償も大きい。

このことによって、前述した二つ目の問題についても解決法は明らかになるはずである。すなわち、絶対的な決定論をどう倫理への取り組みと調和させるのかという問題である。これは、スピノザが手紙のやりとりをしていた友人であるエーレンフリート・ヴァルター・フォン・チルンハウスがスピノザに向けてした質問である。１６７４年にチルンハウスはスピノザに宛てて次のように書いている。

> もし、我々が外部にあるものによって強要されているとしたら、美徳の習慣など誰が得られるだろうか。……もし我々が外部にあるものの何かへと決められているとしたら、安定して不変の心をもって、我々がこれに抵抗することなどあるのだろうか[25]。

ある意味、チルンハウスの質問は的外れである。それは、チルンハウスがスピノザのいう「自由」や「決定」の観念を誤解しているからだけではない。[26] チルンハウスはどうやら、我々は外部のものによる決定に対して抵抗できるという事実を、我々は状況によって一つの方向に傾けられているとしても、真の独立を保っている意志の自由をもっていることと考えているようである。スピノザは、我々が外部のものによる決定に対して抵抗できること、そして自由によってそれに抵抗できることに関しては認められるが、そのような（自由な）活動は、まったく決められてはいない（スピノザの主張では）ことにはならないという部分には反論している。前述したように、スピノザの視点では、自由で高潔な行動は、理性や認識という内なる決定と両立している。[27] 我々の適切な観念がもつ感情的な強さは、外部のものに起因する情念よりも強い。そのため、我々はそれら適切な観念が我々にするようにと決めたことをするが、我々は能動的で自由である。

しかし、美徳という習慣を身につけることに関して、より一般的な質問をチルンハウスはスピノザに投げかけている。その質問に対してスピノザがやや遠回しに答えていると思われる内容は次のとおりである。

彼の主張……「我々が外部にあるものによって強要されているとしたら、美徳の習慣など得られる人はいない」に関して、美徳の習慣化は運命の必然性によって不可能であり、精神の自由な決断によってのみ起こり得るため、我々は安定して不変の性質をもつべきであるというようなことを誰が彼にいったのか、私は知らない[28]。

決められていない意志の自由は必ずしも、自発的な道徳的向上――「安定して不変の性質」をもつ人になる――をもたらす条件ではない。よりよく、より合理的で、より満たされる生き方の探求に、原因となるいかなる種類のずれは必要ではない。人が自分の生き方を変えるため活動するには、どんな方法だとしても、自由主義的な能力は必要ではない。それは外部にある原因によって決められていることから始められる。前述したように、まさしくそうするのに必要であるのは、何らかの出来事――あるいは、もしかすると心を揺さぶられる啓発的な書物を読むこと――によって、カーテンを開け、望ましくないのは何か、そして望ましいと考えられるものは何かを明らかにすることである。

スピノザが『エチカ』に記している証明部分は、実際にまさしくそうなることを予測している。幾何学的に順序づけられたスピノザの論文を読み、綿密に論じられた結論を理解することで、人は——知的および感情的に——ある方向に動かされるはずである。我々はスピノザの述べている内容を取り上げ、ゆっくりとそれらの定理や証明を考察していった。そして何と、我々は宇宙について、我々自身について、そして、我々が生涯をかけて追求するものについての真実を知るに至った。我々は——先立つ原因の結果として——新しい方向、新しい生き方のために変わることが必要であると確信している。

スピノザの目標は、自由な人の生き方とは正しい生き方であり、人間にとって最良の生き方であるのを我々に見せることである。それは自主性、美徳、そして力による「能動的な」生き方である。自由な人のもつ欲望は、不合理な情念ではなく、理性と認識によって導かれている。自由な人は善であると認識しており、真に自分自身にとって最も利益となる（ほかの人にとっても最も利益となる）ことをする。それは単に善であるように見えたり、あるいはたまたま快楽の発信源であったりする何かではない。

自由な人の生き方は、真の幸福をもたらす生き方でもある。そのため、認識しているしていないにかかわらず、我々は皆、そう生きることを望んでいる。

注

第1章：「新しい生き方」

1. ベントはアムステルダムのポルトガル系ユダヤ人社会におけるスピノザの名前である。バールーフはシナゴーグでのヘブライ語の名前、ベネディクトゥスはスピノザのラテン語の書物に記されている名前である。三つの名前はどれも「祝福された者」を意味する。
2. *Ethics* I, Appendix, G II.78–79/C I.440–41.
3. *Ethics* Ip15 and Ip16.
4. 汎神論についてはBennett(1984), Curley(1988)参照。無神論についてはNadler(2008)参照。
5. *Ethics* Ip29.
6. *Ethics* Ip33.
7. *TTP* VI, G III.83–84/C II.154–55.
8. スピノザの哲学における目的論の位置づけについて、さまざまな議論が交わされている。スピノザの体系における目的論の役割を探す試みについてはGarrett(1999)とLin(2006b)を参照。
9. *Ethics* IV, Preface, G II.208/C I.545.
10. *Ethics* III, Preface, G II.138/C I.492.
11. *Ethics*, Appendix, G II.78/C I.440.
12. *Ethics* IIp48.
13. *TIE*, G II.5/C I.7.
14. *TIE*, G II.5–6/C I.7–8.
15. Sidgwick (1907, 91–92), Williams (1985) 参照。
16. 神、聖書やほかの哲学的および神学的主題についてのスピノザの視点——おそらく、地域社会のなかで若きスピノザが考察していた——は、スピノザがヘーレムを強いられる要因となったと考えられる正当な理由でもある。Nadler

(2001, 2018) 参照。
17. *TTP* XX, G III.247/C II.353.

第２章：人間本性の型

1. *Ethics* IIdef6.
2. *Ethics* IV, Preface, G II.206/C I.544.
3. *Ethics* IV, Preface, G II.206/C I.544.
4. *Ethics* IV, Preface, G II.207/C I.545.
5. 『*Ethics*』の標準的な英語翻訳版（Curleyによる）では、ラテン語のbonumおよびmalumという語に対して「善」(good）と「悪」(evil）という語を使っている。しかし、「悪」(evil）という語はスピノザの体系においては、道徳的（および神学的）な意味合いが強すぎる。Deleuze(1981,34) は、スピノザに関して「善（Good）と悪（Evil）はないが、善（good）と悪（bad）はある」と記している。
6. *Ethics* IV, Preface, G II.208/C I.545.
7. 確かに、多くの学者たちが、スピノザは価値に関してある種の主観主義者だと解釈している。Frankena(1975) は、スピノザは道徳的評価と道徳的性質について主観主義者であるようだと主張している。Harvey(1981)、Rutherford(2008)、Melamed(2011)、Jarrett (2014) らは、スピノザを何らかの主観主義者あるいは反現実主義者だと解釈している。一方、Mattern(1978) は、道徳的資質に関するある種の「観念論」を示し、スピノザは主観主義者ではないとしている。Youpa (2010a) は、スピノザが価値の欲望満足理論をもっていないことから、主観主義について否定している。Deleuze(1981)、Bennett(1984, 293)、Garrett (1996)、Miller(2005b)、Kisner (2010a; 2011, 特に第５章)、そして私が正しく解釈できていればLeBuffe (2010) も、それぞれ異なる理由で主観主義者ではないと解釈している。また、スピノザの「絶対的に実用的な規範」(“une norme pratique . . . absolue”）について主張しているのはLagrée (2002) 参照（これは「相対的な規範」(“norme relatif”）以上であるとの定理は度を超しているかもしれないが）。

8. G I.43/C I.87.
9. G I.49/C I.93. また、『*Treatise on the Emendation of the Intellect*』において著者が「それ自体の本性（in sua natura spectatum）で考慮したものはすべて善でも悪でもないと述べている部分を参照(G II.5/C I.7)。
10. *Ethics* IIaxiom1.
11. *Ethics* IIp13c.
12. *Ethics* IIaxiom2.
13. *Principles of Philosophy* I.60, AT VIIIA.29/CSM I.213.
14. *Leviathan*, Part Three, chap. 34, sect.2.
15. *Ethics* Ip33.
16. *Ethics* IIdef1「物体とは、神が延長されるものと考えられる限り、神の本質を一定の限定されたやり方で表す様態であると、私は理解する」
17. わかりやすいたとえであることを願いながら、このたとえが物理において（Matt Kisnerの指摘により）まったく適切ではないことも認識している。何かが変換されるときには、それは何か違うものに変わり、そのため使い尽くされる。明らかに、神あるいは自然の無限の力はそれ自体を有限の精神や身体として示しているとしても、使い尽くされ得るものではなく、永遠に残る。
18. 『*Ethics*』のなかでこの定理の証明は、先に述べられている定理や、それらが論理的に依存しているほかの要素を言及している。しかし、読みやすくするため、それらの内在する言及を省いている。
19. *Ethics* IIIp7 and IIIp8.
20. *Metaphysical Thoughts* 参照, G I.248/C I.314.
21. *Ethics* IIp7s.
22. 「欲望とは、欲求という意識を伴う欲求であると定義できる」(*Ethics* IIIp9s).
23. Matheron (1969, 247) はこれを「最も残忍な生物学的利己主義（l'egoïsme biologique le plus brutal）」と呼んでいる。コナ

トゥスの気質的努力である忍耐力は必ずしも個人の意識的な終わり方あるいは目標ではない。能動的に理性に導かれている人のみが、自分が自分の力を保って増大する努力をしていることを認めている。このことは後続する考察によってさらに明らかになる。

24. *Ethics* IIIdef3.
25. スピノザはtransitioという語を使用している。(G II.191/C I.541).
26. *Ethics* IIIdef3.
27. *Ethics* IIIp12 and IIIp13.
28. *Ethics* IIIp11s. 喜びは常に情念ではない。なぜなら、その人のコナトゥスの向上が能動的にもたらされるからである。
29. スピノザが感情の種として欲望について触れるのは意外である。なぜなら、少なくともスピノザによる最初の定義(*Ethics* IIIp9s)によると、欲望とは単にその人の感情を構成する推移自体の力、あるいは努力そのものだからである。
30. *Ethics* IIIp13s.
31. *Ethics* IIIp51s.
32. これは、すべての人間が意識的にそのような型を精神にもっていることを意味してはいない。たとえば強欲な人は、金銭に対する自分の欲望が、究極的には自分の耐える力を、模範となる人によって示されている最大限の状態まで増大させる(誤って導かれている)欲望であることに気づいていない。
33. Jarrett (2014, 78) は、スピノザの倫理は「構成主義者」の考え方をもっており、「『善』や『悪』といった語は……理想的な人の観念を構成する美徳なしでは何の意味ももたない」と反論しており、そのためこの観念はいかなる本質、あるいはものの実在のなかに客観的に根づいてはいないとしている。
34. *Ethics* IV, Preface, G II.208/C I.545–46.
35. *Ethics* IIIp39s.
36. *Ethics* IVp41 and IVp45c2s.
37. *Ethics* IVp31dem.

38. *Ethics* IV, Preface, G II.208/C I.545.
39. G II.8/C I.10.
40. Part Two, chap. 4, G I.60/C I.103.
41. 『*Ethics*』に描写されている自由な人と、人間本性の型について私がした特定に賛成ではない学者もいる。たとえば、LeBuffe (2010, 187–90) や Garrett (1996, 278) は賛成しているが、Kisner (2011, chap. 8) はしていない。

第3章：自由な人

1. 自由な人に対するこれらの厳しい評価は、Bennett (1984), Garrett (1996), De Dijn (2004), Garber (2004), Jarrett (2014), Kisner (2010b, 2011), LeBuffe (2010), Marshall (2014), Matheron (1969) などに見られる。
2. 自由な人とは、第４部序文で言及されている「人間本性の型」なのは、一般的な一致ではあるが、普遍的ではない。反対意見に関しては De Dijn (2004) や Kisner (2010b, 2011) 参照。
3. *Ethics* IIIp59s.
4. *Ethics* IVdef2.
5. Deleuze (1981, 113) は、「『*Ethics*』が努力しているのは、従来の自由と意志との関係を断ち切ることである。つまり、自由を意志が選択する、あるいは創造さえもする（無差別の自由）能力であると考えるか、あるいはむしろ自分自身を型にはまるよう調整し、その型を実現化する能力（啓発された自由）であると考えるかという関係性である」とうまくまとめている。
6. Ep. 56, G IV.259/C II.421.
7. *Ethics* Idef7.
8. 当然、個人の力と本性の発信源は、神あるいは自然である。しかし、個人は神あるいは自然の様態であり、外部にある原因によって決められる物質ではない。
9. しかし、人の意識的に信じていることは、利己心や耐える努力の表れである一方で、明確にコナトゥスの表れではないことを心に留めておかなければならない。

10. *Ethics* IIIp3.
11. *Ethics* IVp14.
12. *Ethics* IVp7.
13. *Ethics* IV, Appendix, G II.266/C I.588.
14. これは、スピノザが実に認識論的合理主義者であることを否定しているのではない。スピノザは確かにそうなのである。しかし、私の視点から見るスピノザの認識論的合理主義は、絶対的に彼の道徳哲学を支えている。
15. *Ethics* IIp40s2.
16. *Ethics* IIp44dem.
17. Ep. 60 (to Tschirnhaus)参照。「ものの観念あるいは定義は、その動力因を表すべきである」
18. *Ethics* Iaxiom4.
19. *Ethics* IIp44.
20. *Ethics* IIp47.
21. *Nicomachean Ethics*, II.5, 1106a15–17.
22. *Ethics* IVdef8.
23. *Ethics* IVp18s.
24. *Ethics* IVp20dem.
25. *Ethics* IVp37s1.
26. さらに厳密にいえば、我々が自然で必然的に求める努力をしているのは、喜びあるいは我々の力の増大である。そして人間の力を最大化した状態は、一貫して理性の導きに従っているこの人生——つまり自由な人の人生である。しかし、情念に屈従している人はこのつながりをつくれない。そのため、そういう人は意識して理性の生き方を求める努力をしない。
27. かなり多くの学者が自由な人および理性の導きに従って生きる人の、この定義を否定している。たとえばGarber (2004), Bennett (1984), Youpa (2010b), Kisner (2010b)である。一方、Jarrett (2014)は、自由な人とは理性の導きに従って生きる人と同一であり、単に『*Ethics*』第４部（定理66備考）で初めて紹介されたのではないと賛成している。

28. ここで再度、哲学的に啓発された人のみが自分は実際に理性と自由の生き方を求める努力をしていることを認める。たとえば、強欲な人は自分の本質である力を増大させる努力に動かされるが、その人の意識している欲望の目的は金銭であり、理性の生き方により満たされる努力を知るわけではない。
29. Kisner (2011, 165–71) の論述によると、自由な人は「適切な観念のみをもち」、「完全に能動的で」、「完全に自由である」。同様に、Garber (2004, 186) は、「自由な人」とは達成不可能な理想であると述べている。なぜなら、「自由な人は活動のみをして、影響されることはあり得ない。ある意味、彼は自分の周りの世界から因果的に孤立している。つまり、彼はほかのものに影響を与えることはできるが、ほかのものは彼に影響を与えることはできない……その結果、スピノザのいう自由な人は、不死であり、死は外部にある原因からのみくるため、死ぬことは不可能である」。
30. Garber (2004, 184); Kisner (2010b, 92–93); LeBuffe (2010, 187); Jarrett (2014, 62) 参照。Bennett (1984, 325) は、「スピノザが理想として感覚遮断を提案しようとしていると考えないのは、難しい」と述べている。
31. *Ethics* IVp4 and IVp4c.
32. たとえば、Jarrett (2014, 61, 63) は、自由な人は「(生きているうちに)実際に存在することはできない……生きているうちにその型を手に入れたり、『一致したり』そのため完全な人になることができる実際に存在する人間は、いない」と主張している。
33. Kisner が自由な人と、理性に導かれて活動する人とを自由の度合いで区別しているのは、このためである。Kisner(2010b, 98) は、「自由な人はファンファーレもなく、備考のなかで紹介され、10の定理内だけで全面的に扱われている」と述べている。しかし、これは正しいとはいえない。なぜなら関連する定理のなかでスピノザが使用している言葉が示しているのは、この「自由な人」という言葉をはっきりと紹介する前に自由な人についてはすでに言及されている、ということだからである。
34. Kisner (2011, 177).
35. Bennett (1984, 317) は、自由な人を「理想気体——分子が体積をもたない——の観念のように、理論上制限的な実例」と呼んでいる。Matheron (1969, 281) は、「最高の状態は達成不可能」であると述べている。これは原則として不可能であり、概念上一貫しないからではなく、完全に自由な人になるために必要な強さを理性がもたないように、常に情念が「要求」しているからである。
36. *Ethics* Idef7「自由と呼ばれるものは、その本性の必然性のみによって存在する」
37. Bennett (1984, 317); Jarrett (2014, 62–63); Garber (2004).
38. これはGarrett (2010, 202) による自由な人の解釈である。
39. *Ethics* IVp68.
40. Kisner (2011, 166) も、ときどきスピノザが、自由な人をまるで「ほかの人によって害を与えられ得る人であり、そのため外部のものによって受動的に影響を受ける」こともあり、そして「その感覚をもつ」ことも含まれている、と描写していることに気づいている。つまり、Kisnerはスピノザが「自由な人は適切な観念しかもたない」、そして「完全に能動的」であると主張している箇所を引き合いに出して、この不調和を認めている。Kisnerは、この不調和の理由として、スピノザが自由な人を、その観念についての言及の仕方や、述べようとしている要点によって異なる説で異なって考えているからであると提案している。究極的には、自由な人は「人間本性の型」として特定されるべきではなく、「自由な人はスピノザの倫理の中核にはおらず、必然的に受動的で有限である在り方に関して、人間の自由についてのスピノザの説明にとって、そこまで重要ですらない」(178) とまでKisnerは述べている。
41. このことについてより広範で、詳細な弁護を私はNadler (2015) に述べている。スピノザをこのように解釈する以外は稀であるが、(「自由な人」と「賢者」を同等と考えている)Alquié (2003, 326–27) は、自由な人は「世界で、市内で、そのときを生き……賢人は常に愛着をもつだろう……自分の肉体が他人の肉体に制圧されるのを目撃し、魂が間違った観念に満たされていくだろう。その人は情念を知り、想像し、もっている」と述べている。Kisner (2011) は、人間の型は、自由な人の型とは区別されるため、因果的に孤立した個人ではないという私の主張に賛成していると考えられる。

42. *Ethics* IVp66s (強調筆者)。
43. *Ethics* IVp58s.
44. スピノザが用いている語はfortitudoである。
45. *Ethics* IVp69. しかし、情念の影響下にある(だが制御している)「自由な人」に対する私の解釈を、『*Ethics*』の特定の節——最もはっきりしているのは、スピノザが「もし人が生まれつき自由であれば、善悪という観念は形成しなかっただろう」と述べている第4部定理68——と、調和させるのは難しいように見えるかもしれない。悪という観念は情念と結びついているため、自由な人は情念を経験しないことを示している。しかし、スピノザは、この定理が示しているのは実現不可能な理想——「生まれつき自由」である人——であり、本来自由な人についてではない、と認めている。
46. *Ethics* V, Preface. 参照。
47. たとえば*Ethics* Vp18s. 参照。
48. *Ethics* IVp66s.
49. *Ethics* IVp37s1. 自由な人の本性と可能性についての、より長く詳細な論拠はNadler (2015) 参照。
50. スピノザは、女性の男性への服従が単に「慣習」の問題であり、女性たちが政治的な領域から除外されているのには「いかなる妥当な原因もない」ことを認めている。
51. *Political Treatise*, chap. 11, G III.359–60/C II.603.
52. *Ethics* IIp7s.
53. *Ethics* IIp13s.
54. *Ethics* IIp13s (強調筆者)。

55. これは、Lloyd (1994, 165) が「違いを超える共有されている人間の本性」と呼ぶものである。Gullan-Whur (2002, 97) は、生理学的および化学的な男女の身体の違いは、スピノザが「ある程度女性のみに関する知性の形而上学的な構造」を示すのを許していると述べている。しかし、Gullan-Whur が述べている（私は正しいと考えている）のは、これは知性的な理性の能力において、最高レベルで表される人間本性における、深く実体のある性差を正当化するものではないということである。Gullan-Whur は「『*Political Treatise*』最終ページの論拠は、スピノザが『*Ethics*』を通して述べている原理と矛盾しており、呆れるほど薄弱な哲学的奇行であると批判されなくてはならない」(110) と結論づけている。
56. この問題に関しての細かく、より広範な考察は Gullan-Whur (2002) 参照。また、Matheron (1977), Lloyd (1994), Gatens (2009) の論文参照。
57. 再度、自由な人とは実現不可能な理想だと示されていると解釈され得る *Ethics* IVp68。しかし、前述したように、私はこれを定理の誤用であると考える（注記 45 参照）。
58. スピノザが実際に『*Ethics*』前半の記述と、この質問の間に意見を変えていると述べている学者たちもいる。たとえば Garber(2004) 参照。
59. Temkine (1994, 441) は、スピノザのいう自由な人であった人物は歴史上、数人いたと述べている。その数人とは、タレス、ソクラテス、ソロモン、キリストである。
60. *Ethics* IVaxiom1.
61. *Ethics* IVp3.

第 4 章：美徳と幸福

1. 最初に作成された所持品リストの写しは、FWC I.336 に記載されている。原本は、ハーグ市の公証記録文書 I, 1597–1842, no. 372/850, fol. 24 として保管されている。
2. 結果として、レベッカとダニエルに残されたのは多額の借金であり、二人はいかなる法的責任も拒否した。FWC I.366–

71の文書154, 155, 158, 159, 160参照。ファン・デル・スピックは、滞納されていた費用を埋め合わせるため、スピノザの所持品をオークションで売却した。

3. FWC I.339.
4. 2回目に作成された所持品リストもハーグ市の公証記録文書I, 1597–1842, no. 372/850, fols. 27–32として保管されている。写真はFWC I.343–54に掲載されている。
5. FWC II.185による概要である。
6. *Lives of the Eminent Philosophers* VII.127.
7. *Lives of the Eminent Philosophers* VII.117–18.
8. *Lives of the Eminent Philosophers* VII.122.
9. スピノザとストア学派の研究については、James (1993), DeBrabander (2007), Miller (2015c)参照。
10. 「理性の指示」が表現的であるか規定的であるかについては、かなりの議論が交わされている。Curley (1973, 371)は、「欠くことのできない前例をもった仮説上の責務であり、事実上、断定的であるため」規定的であると主張している。反対の視点に関しては、LeBuffe (2018, chap. 3)とRutherford (2008)参照。この質問に関しては第11章で再度考察する。
11. *Ethics* IVp18s.
12. *Ethics* IVp24.
13. *Ethics* IVp68s参照。Garber (2004)は、理性の指示は自由な人を導く原理とは区別されると述べている。
14. *Ethics* IVp26.
15. *Ethics* IV, Appendix IV, G II.267/C I.588.
16. *Ethics* IVp18s.
17. *Ethics* IVp19.
18. *Ethics* IVp18s.iii.
19. *Ethics* IVp46.
20. *Ethics* IV, Appendix XII; IVp37s1; IVp70dem.
21. *Ethics* IVp51, alt. dem.
22. *Ethics* IV, Appendix XX.
23. *Ethics* IVp39dem.

24. Garber (2004) はこの解釈に反対している。
25. *Ethics* IVp45s.
26. Hübner (2014, 138n49) は、賢者は自由な人、あるいは「理性のみに導かれている人」と同一ではないと述べている。しかし、関連している部分にはそのような区別を実証している箇所はない。我々の「理性の導きに従って生きる人」についての議論が、まだ終わらないことは明らかである。
27. *Ethics* IIIp56s.
28. *Ethics* IVp18s.i.
29. *Ethics* IIp49sIVA–B, G II.136/C I.490.
30. *Ethics* Vp20s.
31. *Ethics* Vp6s.
32. *Ethics* IV, Appendix XXXII, G II.276/C I.593–94.
33. たとえばEpictetus, *Encheiridion*, 1を参照。「我々次第であるものも、そうでないものもある……覚えておくがよい、あなたが自然に強要されていると思うものは自由であり、あなた自身のものではないものはあなた自身のものであると思っているのなら、あなたは挫折させられ、惨めで、気分を害されている。そして神々と人々を責める。しかし、もしあなたのものであるものだけをあなたのものだと思い、あなただけのものでないものは、あなただけのものではないと思うなら、誰もあなたを強要し、挫折させ、非難しない。あなたは、誰のことも責めず、やりたくないことは一つもすることなく、敵ももたない。あなたが害されることはまったくないため、誰もあなたを害さない」
34. *Ethics* Vp42s. Rutherford (1999) は、acquiescentiaのここでの翻訳を「満足感」と提案している。

第５章：高慢から自尊心へ

1. Thomas Aquinas, *Summa Theologiae*, First Part of the Second Part, Q. 84.
2. *Ethics* IV, Appendix, XX, XXVII.
3. *Ethics* IVp73s.

4. スピノザは、「罪」(peccatum)という言葉を民法への不服従として用いるためにとっていた。*Ethics* IVp37s2参照。
5. *Ethics* IIIp45.
6. *Ethics* IIIp39.
7. *Ethics* IVp45 and IVp45s.
8. *Ethics* IVp46.
9. *Ethics* IIIp59s.
10. *Ethics* IVp46dem.
11. *Ethics* IIIp43.
12. *Ethics* IIIp56.
13. *Ethics* IVp40c2 and IVp40s.
14. *Ethics* III, def. aff., XX.
15. ここでもスピノザは、ストア学派と同じ考えをもっている。『*On Anger*(邦訳:『怒りについて 他二篇』〈2008、岩波文庫〉)』のなかでセネカは「もし人が怒りにとらわれていたら、その人は有力ではない——そして自由であるとさえもいえない——」(III.4.iv)と述べている。
16. *Ethics* IIIp24s.
17. *Ethics* IIIp35.
18. *Ethics* IIIp55s, cor.
19. *Ethics* III, Appendix XXXII, G II.276/C I.594.
20. See *Nicomachean Ethics*, Book II.8, 1107a–b.
21. *Ethics* IVp69.
22. *Ethics* IVp69c.
23. Thomas Aquinas, *Summa Theologiae* First Part of the Second Part, Q. 84, art. 2参照。一方、スピノザが謙虚さを不道徳の一つに含めているのは、キリスト教の神学的な教えに反している。
24. *Ethics* IIIp26s.
25. *Ethics* IIIp26s.
26. *Ethics* IVp57.
27. *Ethics* III, def. aff., XXVII.
28. スピノザのいうAcquiescentiaは、Rutherford (1999)やCarlisle

(2017)を含むいくつかの最近の研究で取り上げられている。
29. acquiescentia in se ipsoをほかのやり方で翻訳している考察についてはCarlisle (2017)参照。Carlisleは、想像に基づいたacquiescentiaと理性に基づいたacquiescentiaの間の連続性を保つためにこの言葉をあえて訳さないでいる。一方、Rutherford (1999)は、acquiescentia in se ipsoとacquiescentia mentisの違いによって、重要な対比をつかめると考えている。
30. *Ethics* III, def. aff., XXV and XXVI; IIIp55.
31. *Ethics* IIIp53.
32. *Ethics* IIIp30.
33. *Ethics* IIIp53c.
34. *Ethics* IVp58s.
35. *Ethics* III, def. aff., XXIX.
36. *Ethics* III, def. aff., XXVII.
37. *Ethics* IVp54.
38. *Ethics* IVp54s.
39. しかしSoyarslan (2018)は、スピノザによる基準だとしても、謙虚さは実際に、このような社会的および認識論的に有益な役割は果たせないと述べている。
40. *Ethics* IVp53.
41. *Ethics* IVp52s.
42. *Ethics* IVp52.
43. *Ethics* IVp52dem.
44. *Ethics* IVp70. 自由な人は、少なくともほかの人を自由と美徳の状態へ導くことを求めなければ、ほかの人の精神と意見をまったく無視することはできない。そのため、ほかの人と効果的に意思疎通をし、彼らをがっかりさせないようにする方法を見つけなければならない。
45. この平穏に関してはCarlisle (2017)参照。
46. これはCurleyによる翻訳である。*Ethics* Vp42s (C I.617)参照。Carlisle(2017)は、「精神の満足感」を選んでいる。Rutherford (1999)は、この用語の区別をかなり重要視し、acquiescentia in se ipsoは第2種の認識に伴い、acquiescentia animiは第3種

の認識のみに伴うと主張している。

47. *Ethics* Vp30.
48. Carlisle (2017, 233) は、うまくこの点を主張している。
49. *The Guide of the Perplexed* III.51, in Maimonides (1963, II.626–27).

第6章：堅忍

1. Ovid, *Metamorphoses*, book 7, 10–21.
2. Plato, *Phaedrus*, 237e–38a. 翻訳者が「傲慢」と訳したギリシャ語の言葉はhubrisである。
3. Plato, *Protagoras*, 357d–e.
4. *Ethics* IVp17s.
5. *Ethics* IVp7.
6. *Ethics* IVp14.
7. *Ethics* IIIp9.
8. スピノザの考えるアクラシアに関しての啓蒙的分析はLin (2006a)とMarshall (2008)参照。「スピノザの説明する不合理な活動の鍵となる要素には、彼の体系に適切に根差しているものがない」という、スピノザへの同意がより少ない解釈はBennett (1984, 284–26)とDella Rocca (1996, 242)参照。
9. *Ethics* IVp9c.
10. *Ethics* IVp16.
11. *Ethics* IVp5参照。
12. 最後には、外部にある原因が常に勝つ。結局のところ、不死の人間はいない。
13. *Ethics* IVp15.
14. 厳密にいえば、これはスピノザのいう「意志薄弱」を誤って言及している。なぜなら、スピノザいわく、意志などというものはないからである。よって、意志薄弱はスピノザの考えるアクラシアの説明にはなっていないが、合理的な観念のもつ感情的な弱さである。
15. *Principles of Philosophy*, AT IX-2.14; CSM I.186 フランス語訳、序文。
16. *Principles of Philosophy*, AT IX-2.14; CSM I.186 フランス語訳、序文。
17. Descartes, *The Passions of the Soul*, III.190, AT XI.471, in Descartes

(1989, 121).

18. Letter to Elisabeth, August 4, 1645, AT IV.265–66/CSMK, 257–58.
19. *Ethics* IIIp59s.
20. *Ethics* IVp73s.
21. *Ethics* IVp65 and IVp66.
22. *Ethics* IIp44c2dem.
23. *Ethics* IVp62.
24. *Ethics* IVp62s.
25. *Ethics* IIp40.
26. この点についての優れた分析はLeBuffe (2018, 131)参照。しかし、私はLeBuffeが感覚の経験からくると考えている「一般概念」の発端についての彼の説明には賛成していない。
27. *Ethics* Vp3 and Vp4.
28. *Ethics* Vp4s.
29. *Ethics* Vp6s.
30. *Ethics* Vp15.
31. *Ethics* Vp30.
32. *Ethics* Vp32s.
33. *Ethics* Vp37dem. Alquié (1998, 333–34)参照。
34. *Ethics* Vp31s. Garrett (1996, 284)は、これを「単により大きい完全性への移行ではなく、完全性そのものである」と述べている。
35. *Ethics* Vp33 and Vp33s.
36. *Ethics* Vp23s.
37. *Ethics* Vp20s and Vp27. スピノザの考える神への2種類の愛についての分析はNadler (2017)参照。
38. *Ethics* Vp10s.
39. *Ethics* Vp10s.
40. アクラシアへの直感的な認識の抵抗については、直感の力は無敵であると述べるSandler (2005)と、直感的な認識でさえアクラシアになると述べるSoyarslan (2014)を比較。

第 7 章：誠実

1. ほかの学者たちは、スピノザの主張する自由な人の例外のない誠実さの不可解な本性について気づいている。たとえば、Garber (2004), Garrett (1990), Rosenthal (1998) 参照。
2. *Meditations* XII.17; see also *Meditations* III.7.
3. たとえば *On Anger* III.39。
4. Kant (1996, 74).
5. Kant (1996, 611–15). この絶対主義者としてのカントの解釈には Carson (2010) や Varden (2010) を含むさまざまな学者が異論を述べている。
6. ここでのスピノザの論拠は、カントの考えと類似していると解釈したくなる。しかし、Matheron (1969, 537n87) は、まったくカントの考えとは似ていないと主張する。なぜなら人を騙すことは自己矛盾ではなく、理性の命令と矛盾しているだけだからであるという。だとしても、スピノザとカントは人を騙すことに関与するのは不合理であるという根本的な点は一致している。
7. *Ethics* IVp72.
8. たとえば Bennett (1984, 317), Gabhart (1999, 626), DeBrabander (2007, 82) 参照。
9. *Ethics* IVp31c. この原理は、ほかの人に対する博愛的な行動についてのスピノザの論拠の中核である。これについては第 8 章で再考する。
10. *Ethics* IVp34.
11. ほかの人に不適切で誤った観念として情念を生じさせることは、必ずしも対立や競争につながるわけではないことに留意するべきである。二人のうち、一人が理性に導かれ、もう一人は情念に導かれている場面では、彼らは行動や、目的さえも同意に至るかもしれない。たとえば、政治的な状況において、民衆の怒りを鎮め、合理的である法律に従うようにするため、嘘をつくことが効果的な方法ともなり得る。あるいは、『*Theological-Political Treatise*』からすると、想像というやり方で、大勢の人に「服従」を勧める必要性と結論づけられるかもしれない。

12. この問題は、Bidney (1962, 317), Bennett (1984), Garrett (1990)を含む多くの学者によって認められている。Gabhart (1999)は、*Ethics* IVp72sとIIIp4で述べられているコナトゥスの原理の間にある「矛盾」は、「見かけ」だけであるかもしれない、と述べている。
13. 問題を解決するための二つの種類のdolusのこの区別については、Garrett (2010, 204)によって提案されている。
14. この二つの区別については*TTP*, chap. 16に記されている。Garrett (2010, 204)は、この区別がはっきりと言及されている備考32を示しているが、この備考がスピノザ自身によって書かれたのかどうかは明らかではない。
15. Matheron (1969, 255, 著者翻訳)は、「我々は誰でも、我々の在り方を保ちたい。そして我々は誰でも、そうしたいと思っていることを知っている。しかし、我々の在り方が何であるかを知らずに、単に死なないだけという事実と混同している」と述べている。
16. たとえば、Matheron (1969, 246), Garrett (1990), Yovel (1999), Miller (2005a, 2005b), Youpa (2003, 2009), Carriero (2017)参照。一方、Delahunty (1985, 226–27), LeBuffe (2005)らは、「平凡な」生存主義者という解釈を選んでいる(しかしLeBuffeは、スピノザは生存を平凡な意味と知識人的な意味の両方を示していると考えている)。
17. 継続して平凡に存在するための試みは、完全性のための試みの必要条件である。*Ethics* IVp21参照。しかし、もし「うまく生きる」ことを継続している人生に完全性を見込めないとしたら、理性は存在を継続するよう勧めるのだろうか。
18. *Ethics* IV, Preface, G II.209/C I.546.
19. *Ethics* IVp26.
20. *Ethics* IVp27.
21. *Ethics* IVp67.
22. *Ethics* IVp30.
23. Youpa (2009, 254)参照。「もし、人を騙すことで持続的な存在を継続できることと、誠実さをもって持続的な存在を終わることの選択に迫られたら、理性は後者を規定する」Rutherford (2008, 506–7) と Yakira (2004, 79) も「合理的な人」は、「もし生きる価値のない生き方」があり、その人が「自分の自由と自分の合理性」を保つという意味で「自分の命を危険にさらすことが、ときに自己保持のための正しい方法」でしかないとしたら、命を危険にさらすことを選ぶ、と述べている。Matheron (1969, 537–38) は、「自由な人はもし命を代償にするとしても誠意に基づいたことをするだろう……思い返してみれば、コナトゥスとは生物の肉体的な存在の単純な保存を減少させない。我々の在り方（一般的な在り方ではない）を耐えて保つには、我々の本質から得られる結論を実現することである。そして、我々の本質から得られる結論とは、まさしく理性の命令である」。Matheron いわく、自由な人は自分の本性を変えることや、「生き残るために丸いものを四角くする」以上の嘘はつくことはできない（著者翻訳）。

24. Garrett (1990, 2010); また Garber (2004) 参照。
25. Garrett (1990) による比喩。
26. Garber (2004, 195) は「もし自由になりたいのであれば、自分はすでに自由であるかのように必ずしも活動するべきではない」と述べている。
27. Youpa (2009, 256) はこの点についてうまく主張している。「完全に自由な人の自由を保って増大する種類のものは、部分的に自由な人の自由を保って増大する種類のものである」

第8章：博愛と友情

1. *Ethics* IIIp28.
2. *Ethics* IIIp9s. スピノザのエゴイズムは（影響を受けているのかもしれないが）、1660年代にスピノザが『*Ethics*』を執筆中に読んだHobbesのエゴイズムと類似している。著書『*Leviathan*』でHobbesは「すべての人の自発的活動の目的は、その人自身にとってのよいもの」であると主張している

(*Leviathan* XIV.8)。この質問におけるスピノザとHobbesの比較は、Curley (1988, chap. 3) を参照。Hobbesによる情念の大まかな考察（スピノザによる分析と重要な点において驚くほど似ている）については、*Leviathan* VI参照。

3. 力の増大は喜びと同一であり、スピノザの読者のみ——あるいは適切な観念に基づいて活動する啓発された合理的に高潔な個人——が、忍耐力、つまりコナトゥスおよびその変動について考える。そのため、おそらくスピノザを欲望の対象、活動する動機、何が正しいかという基準がすべて喜びである心理学的および倫理的快楽主義者と呼ぶのがより適切である。LeBuffe (2010, 130–35) 参照。実際、LeBuffeはスピノザの理論を心理学的エゴイズム、あるいは少なくともその欲望が常に、忍耐力を求める意識的な欲望である類の心理学的エゴイズムという解釈に反対している。彼は「我々が意識して望んでいるのは、laetitia（喜び）と関連している最後」である、「制限されていない心理学的快楽主義」という解釈を選んでいる (132)。しかし、欲望はその人自身の喜びのための欲望として残り、また喜びそのものはその人の耐える力の増大であるため、なぜスピノザの考え方が心理学的利己主義にはなり得ないとみなされるのか、私にはわからない。欲望の終わりは常にその人自身の利益のなかにあると思われ、LeBuffe自身が述べているように「人は常に自分自身の利益のために活動する」(133)。
4. *Ethics* IVp24.
5. 最近公表された多くの文献——『*The Cambridge Companion to Spinoza's Ethics*』(Koistinen 2009) や、LeBuffe (2010) のように『*Ethics*』の倫理的側面に表面上は専念している論文を含む——が、この重要な問題に触れていないのは驚きである。これについての啓蒙的な考察は、Della Rocca (2004) とKisner (2011, chap. 7) 参照。
6. これは、カントよりもずっと以前の、特に、考え方として自然の法則が主流であった中世や近代において、義務に基づく道徳理論はなかったといっているのではない。（この点に

ついて指摘をしてくれたMatt Kisnerに御礼を述べる）

7. これは、我々はいつも必然的に我々の福利を促進するように思われるものだけを求め、我々の状態を弱めるものすべてを嫌悪することを伴うため、スピノザは心理学的利己主義者であるという私の主張と一致していないように見える。「我々は喜びにつながると想像できるすべてが、もっと起こるように努力する。そしてそれに反している、あるいは悲しみにつながると想像できるものを防いだり、壊したりするよう努力する」(*Ethics* IIIp28)。しかし、この動機づけられたエゴイズムは、我々が自分自身の福利を促進するものを求める努力をしていると意識的に気づいていることを意味してはいない。つまり、我々は精神にはっきりと利己心をもたなくても、我々の状態を向上できると思われるものに動かされ得る。
8. Garrett (1996, 302–3).
9. これは、活動が道徳的に容認される、あるいは要求されるかどうかを決めるテストとしてのみ、ほかの人があなたにそうするように、あなたもほかの人をそう扱うべきであると示している黄金律を多少、不正確に伝えていることを認めなければならない。つまり、倫理的な行動の動機は、相互利益への望みであるとは、述べていない。
10. *Apology* 25e.
11. *Ethics* IIIp39.
12. *Ethics* IIIp21 and IIIp22s.
13. *Ethics* IV, Appendix XVI.
14. *Ethics* IVp50 and IVp50c.
15. *Ethics* IVp37s1 また Ep. 23参照(Willem van Blijenburgh宛て)。ここでスピノザは、「私が書いた『*Ethics*』(まだ出版はされていない)に、この欲望(ほかの人に対して公正に活動する)は自分自身と神に対してもっているはっきりとした認識から敬虔さのなかに、必然的に生じると記した」と述べている(G IV.151/C I.389)。
16. *Ethics* IIIp27c3s and IVp37s1.Curleyはpietasを「道徳性」と訳し

た(C I.565)。第6章に記したように、スピノザは実質的に同じ現象に対して「寛容さ」(generositas)という語を用いている。「理性の指示だけに従い、ほかの人を助け、ほかの人と友情でつながろうと努力する欲望」(*Ethics* IIIp59s)。

17. *Ethics* IVp31.
18. *Ethics* IVp31dem.
19. Garber (2004, 189)参照。またスピノザに代わり、これらやほかの異論への返答についてはBennett (1984, 300–301), Steinberg (1984), Della Rocca (2004, 129, 134). Kisner (2011, chap. 7)参照。
20. *Ethics* IVp18s.
21. *Ethics* IVp29dem.
22. この論拠の啓蒙的な分析はMatheron (1969, 261–63)参照。
23. *Ethics* IVp32 and IVp33.
24. *Ethics* IVp34dem.
25. *Ethics* IVp35.
26. *Ethics* IVp36.
27. *Ethics* IVp35dem.
28. *Ethics* IVp35c1 and c2.
29. *Ethics* IVp46.
30. *Ethics* IIIp31.
31. この論拠の徹底的な分析はDella Rocca (2004)参照。
32. *Ethics* IVp37dem2.
33. *Ethics* IIIp27.
34. これら二つの最終的な論拠は、合理的な人が自身の美徳の追求を強める受動的な感情を含みながらも、どちらも想像あるいは受動的な感情から生じる博愛への動機(ほかの人が美徳をもつのを勧めること)を合理的な人がもつという意味合いは含まれていない。むしろ、何が起きているかというと、合理的な人は理性を介して、ほかの合理的で高潔な人たちに囲まれていることで、自分自身の美徳の追求を強めることを知っている、ということである。
35. *Ethics* IVp35c2.

36. *Ethics* IVp35s. ここでスピノザは明らかに、『*De Cive*』に専念しながらも——スピノザの蔵書には、このラテン語版があった—— Hobbesの考えとは部分的に一致しない立場に自分を置いている。「それぞれの発言は真であると私は述べる。人は人にとって神であり、人は人にとって狼である（homo homini Deus, & homo homini lupus）」(Hobbes [1782, vi])
37. しかし、このやや弱い解釈は*Ethics* IVp46によって提案されているのかもしれない。「理性に導かれて生きる人は、ほかの人から自分に向けられている憎しみ、怒り、軽蔑に、できるだけ愛あるいは寛容さで報いようとする」
38. *Ethics* IVp37.
39. Kisner (2011, 142–46) は、スピノザが利己主義である、つまり行為者自身の利益になる博愛を正当化している、という合理的な博愛の動機に賛成している。しかし、博愛とは手段としての価値——単にその結果に価値がある（たとえば、行為者に対してほかの人も博愛をもって接するように導くこと）——しかないことを意味しているわけではない、と補足している。なぜなら、博愛的に活動することは、自分自身の美徳の構成であり、それ自体で（行為者にとって）善だからであると、Kisnerはかなりの説得力をもって述べている。
40. Matheron (1969, 270, 273, 著者翻訳) は、利己主義であるスピノザが考える利他的な行動のための根本的な動機に賛成している。「理性は我々に、我々自身の個人的な利益以外について考えないように命令する……それぞれの人が利己主義的な計算をうまくするとしたら、共通する善はそれ自体によって保証される……もし（合理的な人が）自分と似ている人たちの（力が）同等な増大を望んだとしたら、それは単にその人に関係する実質的な結果のためである」
41. *Ethics* IVp18s. たとえばBennett (1984, 306) は、『*Ethics*』のこれらの定理に好印象をもっていない。「スピノザは、協力的な道徳性への道を一歩ごとに踏み外している」
42. しかし、自由な人は、美徳の状態へと導いた人から返ってくる、博愛的な行動への理性的な（そして理由のある）期待をもっている。しかし、これは未来の不確かな出来事を望む情念とは違う。

43. *Ethics* IIp49sIVc.
44. *Nicomachean Ethics* VIII.2, 1155b31–56a5.
45. *Ethics* IIIp59s. スピノザはほかの箇所で別の語—— honestas ——を用いて、「理性の導きに従って生きる人がほかの人と友情によってつながろうとする欲望」(IVp37s1) を利用している。注記16での私の解説を考慮しながら、スピノザによる道徳的な語彙は以下のように要約できる。

    IIIp59s:
    Fortitudo (「気質の強さ」) = 理解している限り、精神と関係している感情から生じるすべての活動
    animositas (「頑強さ」) = 理性の指示だけからくる、人が自身の在り方を保つ努力をする欲望
    generositas (「寛容さ」) = 理性の指示だけからくる、人がほかの人を助け、その人と友情で結びつく努力をする欲望

    IVp37s1:
    religio (「宗教」) = 我々が神への観念をもつ限り、あるいは我々が神を認識する限り、我々が原因である我々が望み、することすべて
    pietas (「道徳性」) = 理性の導きに従う我々の生き方によって、我々のなかに生じるよいことをしたいという欲望
    honestas (「称賛に値する」) = 理性の導きに従って生きる人がほかの人と友情によってつながろうとする欲望

    fortitudo と religio は本質的に同じであるように見える。同様に、ほかの人を助けること、そしてほかの人と友情によってつながることの両方のために、理性の指示からくる欲望を含む generositas は、pietas と honestas が組み合わさっているように思われる。
46. *Ethics* IVp70dem.

47. *Ethics* IV, Appendix XII.
48. *Ethics* IIIp59sで提示されている、前述したanimositasとnobilitasの区別によって訴えられている友情の動機について、スピノザを利己主義だと考える私の解釈に異論を唱える人もいるかもしれない。animositas「理性の指示だけからくる、人が自身の在り方を保つ努力をする欲望」は、利己主義的な美徳のように見える。一方、nobilitas「理性の指示だけからくる、人がほかの人を助け、その人と友情で結びつく努力をする欲望」は、利他的な美徳のように見える。結局のところ、この区別について紹介した直後、スピノザは「行為者の利益だけを目的としているこれらの活動を、私は頑強さ(animositas)と関係づけ、他者の利益を目的としている活動を、私は寛容さと関係づける」と、述べている。このことは、高潔な人が自分自身のための利益「だけ」ではなく、ほかの人の利益のために友情を追求していることを提案している。よって、おそらくスピノザの考え方は、高潔な人は自分自身の繁栄のために、またほかの人にとっての善のために活動すると考えるアリストテレスとまったく変わりはない。だが、私の利己主義の解釈は、nobilitasと一致している。なぜなら、スピノザのいう合理的で高潔な人のなかに私が見つけた利己主義は、その人にほかの人の利益にならない活動を要求しない。それどころか、この行為者は確かに、ほかの人の生き方を向上させ、同様にほかの人を合理的で高潔にしようと努力する。しかし、私の解釈が要求しているのは、高潔な人がほかの人の利益のために活動することである。なぜなら、そうすることは自分の利益でもあるからである。スピノザのいう高潔な人が、はっきりとした明瞭な理解をもって、先だって調べたそれらすべての理性が、なぜほかの人たちの生き方を向上させるために自分の利益になるのかということに完全に気づけていない理由が、私にはわからない。そして気づくことでそれらの理性のために、それをすることを望まない。よって、animositasとnobilitasの違いは、利己的に動機づけられた行動と利他的に動機づけられた行動の違いとは異なる。むしろ、行為者の人生のみを向上する利己的に動機づけられた行動とほかの人の人生も向上する利己的に動機づけられた行動の違いである。なぜなら、nobilitasによって活動する人は、「ただ理性の指示から努力し」、理性の指示は、スピノザによって「皆が自分自身を愛すること、自分自身にとって本当に役立ち、有益であるものを求めること、さらなる完全性へと真に導くものを欲すること、そして絶対的にできる限り自分自身を保つ努力」をする「要求」として、スピノザによってきちんとまとめられている(IVp18s)。明らかなのは、この人を動かす——精神にある理性の指示に自分を導かずにはいられない——のは、自分自身の利益であるほかの人の利益のために活動することである。

49. *Nicomachean Ethics* VIII.3, 1156b7.
50. *Ethics* IVp71dem.
51. In Ep. 19 (January 5, 1665)のなかで、確実に己の友人ではないWillem van Blijenberghに宛てて、スピノザは次のように書いている。「私にとって、私の外にある力として、心から真実を愛する人たちと友情の協定を結ぶ栄誉を許される以上に高く評価できるものはない。つまり、そのような人たち以外に我々が平穏に愛せる我々の外にある力はない、と私は信じている。なぜならそのような人たちが互いにもっている愛は、それぞれが真実の認識のためにもっている愛に基づいているため、一度認知した真実を受け入れないようにそれを壊すことは不可能である。また、我々の外にあるものに屈することができるのは偉大であり、最も心地よい。なぜなら、真実以外に全面的に異なった意見や精神を統一できるものはないからである」(G IV.87/C I.358–59).
52. 啓発的な論文のなかで、Lucash (2012, 311–13)もスピノザのいう「真」と「普通」の友情を区別している。普通の友情間において、両者は「互いに利益(力の増大)と害(力の減少)を受ける」。しかし私の解釈からすると、私は「真の友情は自由な人たちの間でのみ成り立ち得る」、そして不完全の友情のなかではどちらかが苦しむことが不可欠ではない、という Lucashに賛成である。

53. *Ethics* IVp37s1.
54. この点について強調してくれたDon Rutherfordに御礼を述べる。
55. *Ethics* IV, Appendix XVII.
56. *TTP*, chap. XII, G III.165/C II.255, and chap. XV, G III.188/C II.281–82参照。
57. *Ethics* IVp59.
58. *TTP* XII, G III.165/S 151.
59. *TTP* XIII, G III.170/S 156.
60. *TTP* XIII, G III.171/S 156.

第9章：自殺

1. Tacitus, *The Annals of Imperial Rome*, XV.62–64 (Tacitus [1977, 376]からの翻訳)。
2. *De finibus* III.60 (Cicero [1931, 279–81]からの翻訳)。
3. *Lives of the Eminent Philosophers* VII.130 (Diogenes Laertius [2018, 358]からの翻訳)。
4. *Ethics* IVp20s.
5. Miller (2005a)は、合理的な行為として自殺は可能であるか、自殺はそもそも道徳的に正当化されるのかという二つの疑問を区別したいと思っている。しかし、理性に導かれてする行為と高潔な行為は、スピノザにとっては同一であるため、この二つの疑問は一つにされたようである。
6. スピノザをこのように解釈するのは極めて一般的である。そのため、Bennett (1984, 240)は「ときどき(スピノザが)犯している間違いは、すなわち分別のある自殺はあり得ない、とほのめかしている」ことであると主張している。Bennettは、自殺することを「人が能動的に、自主的に、合理的に、穏やかに求めるのは不可能である」とスピノザの考えを解釈している。同様にMatsonは、スピノザは自殺をほかの特定の行為(戦争での向こう見ずな行為、あるいは生命を脅かす何らかの追求などのような)と、不合理という点で共通している一つの行為だとみなしていると考えている。Matson (1977, 410) によると、スピノザにとって「自殺は（おそらく一時的に）常軌を逸している」。また、Lloyd (1996, 94) 参照。Miller (2005a, 17) は、「『倒錯した人間の本性』だけが自殺を可能にする以外、……スピノザは、誰も自分を殺すことを選ばない、と断言している」と述べている。

7. *Ethics* IVp18s.
8. これは、スピノザがIVp20とIVp20sで述べている内容の要点であるようだ。しかし、おかしなことにスピノザが備考で挙げている三つの例のうち、どれもこの例に該当するものはない。実際、最初の例はまったく自殺とは関係なく、むしろ殺人についてである。同様に、三つ目の例も自殺とは関係ないように見え、単に外部にある状況あるいは、何らかの種類の死によって急激に変化した人の本性をもつことについて、のようである (Gabhart [1999, 624] 参照)。
9. Gabhart (1999) は、スピノザによる自殺についての主張は、「いかなるほかの形の死」と自殺とを、スピノザに区別できなくしていると述べている。なぜなら、今、死ぬことは単に個人の本性を圧倒する外部にある力の結果のようだからである。しかし自殺の場合、自発性の要素が、スピノザに自殺と、外部から強制されたほかの種類の死とを区別することを許している。
10. 「自由で合理的な個人が、自分自身と世界に対しての適切な理解をもって、その人の福利という観点から、未来が伴うものについて深く情報に基づいた認知ができる」という私の主張の複雑性は、スピノザが人間の精神はものの持続においてそれ自体とその物体自体を含む、不適切な認識のみをもつことができると主張している *Ethics* IIp30–31にある。よって、差し迫った疑問は、自殺について熟考している合理的で高潔な人がもつ「視点の明瞭さ」は、その人自身の予想される人生は、その人生を終わらせるようにという合理的な決断を要する確かさをもっているのかどうかである。しかし、私の持続的な存在のもつ適切な観念は、そのような洞察に必要であると、私は考えない。私の解釈にこの問題を提起してくれたThomas Colbourne (McGill University)に御礼を述べる。

11. *Ethics* IVp21.
12. *Ethics* IVp66.
13. これらの内容に関して賛成はしていないLeBuffe (2005, 191–92)が提案しているのは、スピノザの視点から「我々はときに、我々が入手できない大きいほうの善に反して、我々が入手できる小さいほうの悪を追求したほうがよいのかもしれない……嘘をつくことや自殺することのほうが、ほかの選択肢よりも自己抑制をじっくりと考慮している場合さえもある……確かに、IVp20sでスピノザが述べている自殺は、ある非常に不運な状況を示しているが、自殺がその人にとって最良の行為の場合もあるかもしれない」。(これを、セネカの考えとつなげているLeBuffe [2010, 192–93]も参照)一方、スピノザを非難する点としてこれを取り上げているBennett (1984, 240)は、「この件については、明らかに盲点がある。スピノザは自殺しようとしている人が、もし生きることで状況がどれだけ悪くなるかについて考えているのかもしれないという可能性をわかっていない」と述べている。私はLeBuffeに賛成であり、彼の主張を支える論証を示す。しかし、スピノザが確かに合理的な自殺の可能性を見落としているのかどうかについて、私はBennettに反対である。誠実さについて、Miller (2005a, 24)は、裏切ることの利益は、その人の合理的な美徳の保持(*Ethics* IVp72とコナトゥスの原理の間にある不調和を解決する)によって、とって代わるかもしれない、と述べている。そして、Millerは自殺についてのスピノザの視点と同じ取り組み方はせず、スピノザにとって(ストア学派に反して)、自殺は合理的な行為になり得ないと結論づけている。同様にLloyd (1996, 94)は「スピノザは、ストア学派の数人と関連している気高い自殺の倫理を否定している」と主張している。
14. 私は「おそらく」適切な観念を介して、力が減少していく未来が熟考されるのであれば、それは悲しみではなく(理解の一例としての)喜びである。この点について指摘したKarolina Hübnerに御礼を述べる。

15. *Ethics* IIIp13 and IIIp19参照。
16. *Ethics* IVp68.
17. *Ethics* IVp63c.
18. 私の解釈にこの問題を提起したDon Rutherfordに御礼を述べる。John Greyは、私の初期の解釈(Nadler 2015)に異論を唱えている。彼は自由で合理的な行為としての自殺はスピノザにとって、不可能であると述べている。その理由は、スピノザのいう自由な人は適切な観念のみによって活動するため、自らの死という適切な観念をもつことはできないからである(Grey 2017)。
19. *Ethics* IVp65c.
20. *Ethics* IVp20s.
21. *Ethics* IVp20s.
22. Bennett (1984, 237–38)は、この点の解説をするためにうまく例を示している。
23. *Ethics* IVp20s (強調筆者)。
24. Bennett (1984, 238)はセネカについて類似した主張をしている。セネカの件について、Bennettは「もし自分が今夜死ななかったら、翌朝にはもっとひどい死に苦しむだろうというセネカの信念」を含む「彼の本性からきた行為」であると主張している。一方、LeBuffe (2005, 192)とBarbone and Rice (1994)は、セネカは自由に自殺したのではないと反論し、主張している(LeBuffeはのちに考えを変えているようである。LeBuffe [2010, 191–92]参照)。また、Matson (1977, 410)は未来への見通しに基づく選択を認めながら、その個人の外にその行為の発信源があることが示されていると主張している。「自殺する人は、正しくても間違っていても、自分に課せられるこの世界の苦悩、つまり確実に外部にある原因よりも、消滅が望ましいと信じているためにそうするのである」Carriero (2017, 166)も、コナトゥスは単に継続する持続ではなく、完全性を耐えて保つ努力であるから、「小さいほうの悪を選ぶこと」(セネカがそうしたように)として、自殺は「自身を耐えて保つこと」であると、賛成している。しかし、Carrieroはこれを「合理的」な行為としてはっきりとは特定していない。

25. 自殺に関してスピノザとストア学派の考えの比較については、Miller (2005a)参照。
26. *De finibus* III.18.60–61 (Cicero [1931, 279–81]からの翻訳)。
27. *Ethics* IVp67.
28. Grey (2017)は、スピノザのいう自由な人は自らの死という適切な観念をもてないと主張している。

第10章：死

1. Israel (1995, 625)に引用。
2. Ep. 17, G IV.76/C I.353.
3. Plato, *Apology*, 40c–41a.
4. *Ethics* IVp63.
5. *Ethics* IVp63s.
6. Grey (2017)は実際に、自由な人は少なくとも適切な観念によって、自分の死を考えられないと主張している。しかし、これが正しいとは私は確信していない。もし『*Ethics*』の定理を適切な観念とみなすならば、いかなる人間の人生の有限性を証明している定理——そして特に、「人間が存在を保とうとする力には限界があり、外部にある原因の力によって無限に劣る」と述べているIVp3——は、自由な人に、自分の死の必然性を適切に理解させなければならない。
7. *Ethics* IVp3.
8. Deleuze (1981, 40)は、情念に導かれている生き方において「我々は生きているのではなく、我々は人生のうわべだけを率いている。つまり、我々が考えられるのはどうすれば死なずにいられるかだけであり、我々の人生すべてをかけて死を崇拝する」と述べている。
9. *Encheiridion*, 21.

10. *Ad Lucilium Epistolae Morales*, Ep. 4, lines 5–9 (Seneca[1979, 15–17] からの翻訳)。
11. これは、1658年のスペイン異端審問所によるTomás SolanoとCaptain Miguel Perez de Maltranilla兄弟に関する報告に記載されている。報告に関しては、Révah (1959) とNadler (2001, 29–30) による考察参照。
12. *Letter to Menoecus*.
13. *Ethics* Vp20s.
14. 個人的ではないとしても、少なくともこの精神の永遠の部分について個別的な何か、私の持続的な自身への参照として私が識別できる何かがあるのかに関しては、さらなる疑問を呼んでいる。実際、私はこれによってスピノザの考えのなかに不調和が表されているとしても、精神の永遠性について個人的な何かは必然的にないと述べている。Nadler (2001, chap. 5) 参照。
15. Mendelssohn (1983, 123).
16. *Ethics* Vp23.
17. *Ethics* Vp22.
18. *Ethics* Vp38dem.
19. *Ethics* Vp40c.
20. 自意識や記憶は持続的に存在する身体とつながっているため、永遠の精神の特徴ではない。*Ethics* IIp23とVp21をそれぞれ参照。精神の永遠性の原理についての二面性に関する啓蒙的な考察に関しては、Garber (2005) 参照。さらに、網羅的な説明と、ここで展開されている不死性に反対する分析の弁護については、Nadler (2001) 参照。すべての解説者が、個人的な不死性の否定を意味する、スピノザのいう精神の永遠性の原理について賛成しているわけではない。たとえば、Wolfson (1934, II.310–11), Donagan (1974; 1988, chap. 10), Bennett (1984, 375), Rudavsky (2000, 181–86) ら参照。
21. *Ethics* Vp38s.
22. *Ethics* Vp38s.
23. *Ethics* Vp34s.

24. *Ethics* Vp42.
25. Garber (2005, 113).

第11章：正しい生き方

1. *Ethics* Vp42s, G II.308/C I.617.
2. *Ethics* IVp17s. ほかにも経験しているが、1672年にスピノザはフランスとの戦争中に（誤って）反逆の罪を問われたオランダの大議長Johan De Wittと兄のCornelisが烈火のごとく怒った群衆に惨殺されるのを目撃している。
3. Kant (1996, 61).
4. しかし、とりわけKisner (2011, chap. 8)は、自由な人は人間本性の型と同一ではないと述べている。
5. たとえばGarrett (1990)参照。
6. この論拠についての考えは、Garrett (1990)とGarber (2004)参照。私の解釈が正しければ、Kisner (2011, 113)も参照。
7. 事実、Rutherford (2008)は自由な人にとって、理性の指示はまったく規範的ではなく、自由な人がどのように生きているかを説明しているだけであると述べている。Rutherfordによると、スピノザは理性の影響下で、人は必然的にどう活動するかについての結論を出しているのであり、人がどう活動するべきかについて述べているのではない。
8. Curley (1973)とKisner (2011, 118)参照。Kisnerは、Rutherfordの解釈に反論している。
9. *Ethics* IVp18s.
10. LeBuffe (2014)は、理性の指示は一般観念に根づいているため、実際すべての理性の指示はすべての人に認識され、基本的に「常識」を示す、と述べている。
11. 指示のこのような分け方はKisner (2011, chap. 6)によって提案された。
12. Kisner (2011, 112). Curley (1973, 371)は、理性の指示を「カントの言葉でいえば、必然的な前例をもった仮言的規則である。よって事実上は、定言的規則である」と説明している。
13. *TTP* XVI, G III.191/C II.284.

14. *Ethics* IVp54s. スピノザの考える「高潔な情念」については Kisner (2008) 参照。
15. 私が後述しているように、本当の——法的あるいは道徳的に拘束力があり、そのため強制力のある——義務ではない。
16. *TTP*, XVI, annotation 34 参照。
17. 実際、単に理性の指示に従っていることで、人はすでにある程度「自由」である。
18. *Ethics* Vp10s.
19. スピノザは実際、*Ethics* IVp46 and IVp46s ——「理性の導きに従って生きる人」はどのような行動をするかを説明している——を、最初の「原則」と同一であると言及している。
20. *Ethics* Vp10s.
21. *Nicomachean Ethics* II.4, 1105b9–11.
22. Kisner (2011, 118–19) は、最も一般的な理性の指示を「存在を存続し、我々の力を増大する我々の欲望のもつ美徳において規範的」である本性の法則にたとえている。Kisner は「Hobbes のようにスピノザの考える自然の法則も、本質的に我々の欲望の美徳において、規範的な原理として働く説明的な主張である……気づいていてもいなくても、すべての人が理性に従うことを望んでいるのは、そうすることが彼らの力を最も増大するからである。結果として、拘束力として指示を受け入れるための理性を人々に与える欲望をすべての人がもっているという意味では、スピノザのいう自然の法則は普遍的に拘束力がある」と述べている。しかし、なぜ Kisner はこの論拠が、誠実である自由な人によって導かれていることなどの、より具体的な理性の指示にも適用していると考えなかったのか、私は興味がある。なぜなら、これらの指示はそのうえ、「理性に従う欲望」を満たし、「我々の力を増大する」ことに寄与しているからである。
23. 理性の十分な観念が人の精神にある限りでは、理性の指示は何らかの感情的な力をもっているはずである。そして、それらは何らかの動機づけとなる力をもっているはずである。
24. *TTP* XVI, G III.190/C II.283.

25. Ep. 57, G IV.264/C II.425–26.
26. スピノザは、返信のなかで「彼が私によるものだと述べている自由の定義（すなわち『いかなる原因によっても何かに決められないもの』）に関して……彼がどこからそれを聞いてきたのか、私は知らない」(Ep. 58, G IV.265/C II.427) と述べている。そのうえ、明らかにTschirnhausの意味する「決められる」はスピノザの意味していることではない。Tschirnhausは、出来事や起こる可能性があることに対して「誘発」（Tschirnhausの用いた語）となる因果的状況がある場合にのみ何かが決められることを意味している。スピノザにとって、決定とはほかの選択肢を許さない因果的な必然性である（Tschirnhausは決定ではなく「衝動」と呼んでいる）。Tschirnhausがすべてのものは決められるが、すべてのものは強いられるわけではないと述べたのはこのためである。つまり、人間の活動は先行している要因に決められるが、強いられていない場合もある。よって、彼らにはほかの選択肢もあるので自由である。
27. 仮にTschirnhausが、もし我々はいつも効果的に外部にあるものによって、強いられ、決められているのだとしたら、高潔に活動することは可能だろうかと尋ねたとしたら、スピノザは当然、可能ではないと答えるだろう。
28. Ep. 58, G IV.267/C II.430.

略　語

スピノザによる著書

C：*The Collected Works of Spinoza*　全2巻、エドウィン・カーリー編集・翻訳（ニュージャージー州プリンストン、Princeton University Press、1985、2016）

Ep：*Epistola*（手紙）

Ethics：エチカ（1951、岩波書店）定理（p）、証明（dem）、定義（def）、備考（s）、系（c）

G：*Spinoza Opera*　全4巻、カール・プハルト編集（ハイデルベルグ、Carl Winters Universitaetsbuchhandlung、1925）

KV：神・人間及び人間の幸福に関する短論文（1955、岩波書店）

S：スピノザ往復書簡集（1958、岩波書店）

TIE：知性改善論（1931、岩波書店）

TTP：神学・政治論（1944、岩波書店）

その他

AT：*Oeuvres de Descartes*　全11巻、チャールズ・アダムズ／ポール・タネリー編集（パリ、J. Vrin、1974 ～ 1983）

CSM：*The Philosophical Writings of Descartes*　全2巻、ジョン・コッティンガム／ロバート・ストゥーホフ／デュガルド・マードック編集・翻訳（ケンブリッジ、Cambridge University Press、1985）

CSMK：*The Philosophical Writings of Descartes*, vol. 3, The Correspondence　ジョン・コッティンガム／ロバート・ストゥーホフ／デュガルド・マードック／アンソニー・ケニー編集・翻訳（ケンブリッジ、Cambridge University Press、1991）

FWC：*Die Lebensgeschichte Spinozas*　全2巻、ヤーコプ・フロイデンタール／ヴァルター・マンフレッド／ミハエル・ゼリンスキ（バド・カンシュタット、シュトゥットガルト、Frommann-Holzboog、2006）

著者　スティーヴン・ナドラー（Steven Nadler）

ウィスコンシン大学マディソン校哲学科教授。主な著書に『レンブラントのユダヤ人―物語・形象・魂』（ピューリッツァー賞最終候補）『スピノザ―ある哲学者の人生』（以上、人文書館）、共著に『*When Bad Thinking Happens to Good People: How Philosophy Can Save Us from Ourselves*』（Princeton University Press）など多数ある。

監訳者　上野正道（うえの　まさみち）

上智大学総合人間科学部教授。山東師範大学客員教授。一般社団法人東アジア教育研究所所長。専門は教育学。主な著書に『学校の公共性と民主主義』『民主主義への教育』（東京大学出版会）、『*Democratic Education and the Public Sphere*』『*Manabi and Japanese Schooling*』『*School Reform and Democracy in East Asia*』（Routledge）などがある。

訳者　藍浜かおり（あいはま　かおり）

文化女子大学卒。ハワイ大学学士課程修了。外資系企業の社内翻訳者、ハワイアンフラの講師や通訳・翻訳者を経て翻訳家となる。主な訳書に『The Wagyu Book（和牛&肉ガイドブック）』（実業之日本社）『サイエンス超簡潔講座　遺伝』（ニュートンプレス）『プラント・ハンティングの歴史百科』（原書房）などがある。

いかに生き、いかに死ぬべきか

哲学者スピノザの叡智

二〇二三年一月二十日発行

著者　スティーヴン・ナドラー
監訳者　上野正道
訳者　藍浜かおり
翻訳・編集協力　株式会社 ラパン
編集　道地恵介、目黒真弥子
表紙デザイン　株式会社 ライラック
発行者　高森康雄
発行所　株式会社 ニュートンプレス
〒一一二-〇〇一二
東京都文京区大塚 三-十一-六
https://www.newtonpress.co.jp

ISBN 978-4-315-52653-0
カバー、表紙画像：Mario Breda/stock.adobe.com